아이가 좋아하는 도시락

유치원 소풍, 현장학습,
가족 나들이를 더욱 행복하게 해줄

아이가 좋아하는 도시락

초판 1쇄 발행 2012년 7월 2일
초판 6쇄 발행 2018년 3월 5일

지은이 박종임
펴낸이 이대희
펴낸곳 지훈출판사

기획편집 허남희
마케팅 윤태영
교정, 교열 이상희
디자인 디자인 올
경영지원 안지영, 김정미
공급처(서경서적)
전화 02-737-0904 **팩스** 02-723-4925

출판등록 2004년 8월 27일 제300-2004-167호
주소 서울시 종로구 내자동 167-2 인왕빌딩 1층
전화 02-738-5535
팩스 02-738-5539
E-mail jihoonbook@naver.com

편집저작권ⓒ2012지훈출판사
ISBN 978-89-91974-40-1 13590

잘못 만들어진 책은 구입하신 서점에서 교환하여 드립니다.

유치원 소풍, 현장학습, 가족 나들이를 더욱 행복하게 해줄

아이가 좋아하는 도시락

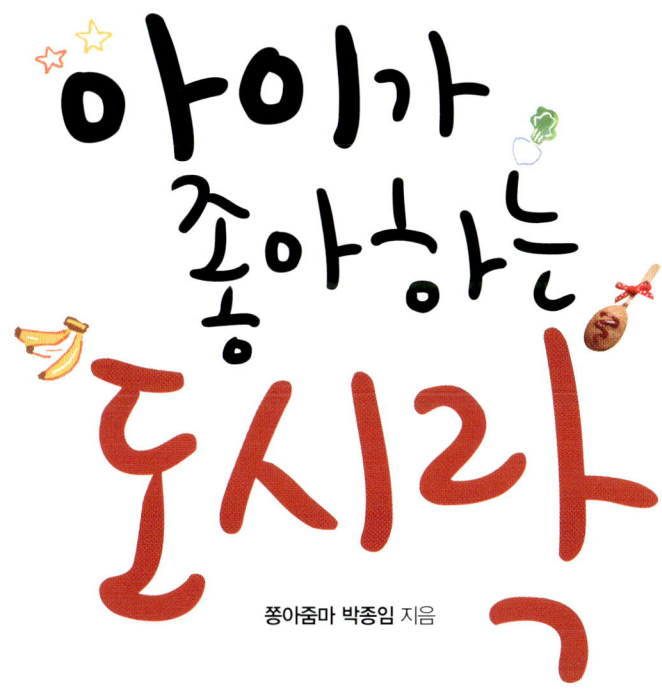

쫑아줌마 박종임 지음

작가의 말

아이를 임신했을 때부터 아이가 태어나면 가장 먼저 하고 싶었던 일이 바로 직접 만든 맛있는 도시락을 챙겨 들고 아이 손잡고 소풍가는 일이었어요. 아이가 네 살 되던 해에 드디어 소원을 이루었답니다. 따뜻한 주말이나 휴일이면 거창하진 않지만 부산 떨며 만든 도시락을 챙겨 들고 가까운 공원으로 자주 가족 소풍을 가지요. 소풍이라기보다는 밖으로 점심 먹으러 나간다는 의미가 강할 정도로 가까운 곳으로 떠나는 2~3시간의 짧은 나들이지만, 아이와 함께 준비한 음식을 먹으며 햇살과 바람과 공기를 느끼는 기분은 얼마나 산뜻한지요!

날씨가 흐린 날에는 밖으로 나가지 못하는 아쉬움을 달래기 위해 도시락을 싸서 식탁에 앉아 아이와 함께 먹곤 해요. 가끔 입맛 없어 하는 아이에게 "도시락 싸줄까?" 하면 아이가 얼마나 좋아하는지 몰라요.

얼마 전 하늘 맑은 날, 동물원으로 나들이를 다녀왔어요. 얼마나 손꼽아 기다린 소풍이었는지…. 이른 시간인데도 집에서 준비한 도시락을 펼쳐 놓고 둘러앉아 맛나게 먹는 단란한 가족의 모습이 여기저기 눈에 띄더라고요. 그 모습을 보니 소풍의 계절이 따로 없구나 하는 생각이 들어 기분이 좋아졌어요.

올해부터는 더욱더 자주 아이와 소풍을 가려고 합니다. 아이가 더 많은 추억을 만들고, 더 많은 것을 보고 느끼겠지요. 그곳에 제 손으로 만든 도시락이 함께한다면 더 의미 있어지는 건 당연한 얘기지요.

제가 블로그에 아이와 함께 도시락 싸들고 소풍 다녀온 이야기를 쓰곤 했는데 덧글을 보니 생각보다 많은 분이 아이 도시락을 어떻게 준비해야 하는지 모르더라고요. 그런 분들이 제가 블로그에 올려놓은 레시피를 보고 도시락을 싸줬더니 아이가 무

척 좋아하고 맛있게 잘 먹더라는 글을 남길 때는 그렇게 기쁠 수 없었어요.

아이를 보육시설에 보내고 나서야 알게 되었는데요. 보육시설에 다니는 아이들에게 도시락을 싸줘야 하는 날이 생각보다 많더라고요. 아이들 소풍이라고 하면 도시락을 어떻게 싸줘야 할지 몰라서, 아니면 당연히 김밥에 음료수부터 준비하려는 엄마들이 많았어요.

그런 분들에게 조금이나마 도움이 되었으면 하는 바람으로 이 책을 준비했습니다. 거창하진 않지만, 평소 아이를 위해 준비하거나 생각해두었던 메뉴들로 구성한 도시락 레시피들을 소개했어요.

김밥도시락뿐 아니라 주먹밥, 덮밥, 샌드위치 등 다양한 도시락을 마련했어요. 시판 가공제품은 될 수 있는 한 배제하고 건강한 재료들로 만들었고요. 아이들 도시락은 대부분 소풍이나 체험학습 등 특별한 날 챙겨주기 때문에 일반 반찬류보다는 아이들이 좋아하는 특별한 메뉴로 구성했어요.

아이들 생일을 위한 생일상 차림 또는 어린이집 등에서 치러지는 생일파티 등에 활용할 수 있는 레시피들도 정리했어요.

자, 이제부터 멋진 엄마표 도시락과 생일상 차림으로 아이에게 엄마의 사랑을 마음껏 표현해보세요! 때론 얄밉고 귀찮기도 하지만 "엄마는 이~만큼 너를 사랑한단다" 하면서 말이죠!

쫑아줌마 박종임

CONTENTS

작가의 말 • 4

도시락에 필수! 과일 담기 • 10
만들어두면 유용한 기본 과일잼 3가지 • 12
예쁘고 깔끔하게 도시락 담는 순서 • 13
도시락을 빛내줄 도시락 소품 • 14
꼭 있어야 할 도시락 용품 • 16
레시피 속 궁금한 재료들 • 18
예쁘고 맛있는 주먹밥 만들기 기본 • 23
맛있는 주먹밥 양념 6가지 • 24
만들어두면 유용한 기본 피클 3가지 • 26

PART 1
한 입에 쏙 들어가는
미니김밥&롤 도시락

가지소고기롤 도시락 • 30
견과아보카도롤 도시락 • 32
꼬마김밥 도시락 • 34
날치알김치김밥 도시락 • 36
돈까스김밥 도시락 • 38
두부김밥 도시락 • 40
버섯김밥달걀말이 도시락 • 42
베이컨그린빈김밥 도시락 • 44
야채미니김초밥 도시락 • 46
오이롤초밥 도시락 • 48
오징어김밥 도시락 • 50
우엉소고기김밥 도시락 • 52
잔멸치호두김밥 도시락 • 54
참치김밥 도시락 • 56
충무김밥 도시락 • 58
현미라이스브리또 도시락 • 60
흑미오이게살롤 도시락 • 62

PART 2
눈과 입으로 푸짐하게 먹을 수 있는
덮밥&볶음밥 도시락

꼬맹이차슈덮밥 도시락	•66
단호박치즈구이&콩나물낙지덮밥 도시락	•68
미트볼카레덮밥 도시락	•70
버섯오므라이스덮밥 도시락	•72
비빔밥 도시락	•74
연어양상추볶음밥 도시락	•76
오리훈제&단호박볶음밥 도시락	•78
오징어마파두부덮밥 도시락	•80
왕새우소금구이&그린빈달걀볶음밥 도시락	•82
우엉데리야끼치킨덮밥 도시락	•84
유자청케첩새우덮팝 도시락	•86
제육볶음덮밥 도시락	•88
파인애플찹스테이크덮밥 도시락	•90
파프리카불고기덮밥 도시락	•92
핑크지라시즈시 도시락	•94
함박스테이크덮밥 도시락	•96

PART 3
동글동글 비슷한 모양에 각기 다른 맛을 내는
미니주먹밥 도시락

가쓰오부시주먹밥 도시락	•100
견과쌈장깻잎쌈밥 도시락	•102
달걀&새우꼬마초밥 도시락	•104
옥수수당근주먹밥 도시락	•106
데리야끼소스주먹밥구이 도시락	•108
미니스테이크주먹밥꼬치 도시락	•110
불고기김치미니주먹밥 도시락	•112
유부초밥 도시락	•114
잔멸치쪽파주먹밥 도시락	•116
잡곡달걀쌈밥 도시락	•118
참나물나토주먹밥 도시락	•120
꼬마친구들 참치마요주먹밥 도시락	•122
현미치킨아란치니 도시락	•124
카레주먹밥 도시락	•126
표고버섯조림주먹밥 도시락	•128
해물밥동그랑땡 도시락	•130

PART 4
맛도 모양도 재료도 건강한
샌드위치 도시락

게살롤샌드위치 도시락	•134
달걀오이샐러드크루아상 도시락	•136
비트단호박구이샌드위치 도시락	•138
데리치킨치아바타 도시락	•140
두부소보로사과샌드위치 도시락	•142
메이플바나나토스트 도시락	•144
미니돈까스버거 도시락	•146
콩퓨레버섯라이스버거 도시락	•148
양송이피클불고기샌드위치 도시락	•150
통새우튀김버거 도시락	•152
스테이크버거 도시락	•154
시금치수란샌드위치 도시락	•156
아보카도샌드위치 도시락	•158
연근참치샌드위치 도시락	•160
치킨가라아게랩 도시락	•162
검은깨두부마요네즈샌드위치 도시락	•164

PART 5
아이가 자랑하고 싶어하는
스페셜&캐릭터 도시락

꽃삼각주먹밥 도시락	•168
라이스컵케이크 도시락	•170
리락쿠마주먹밥 도시락	•172
마늘간장닭봉+춘권새우라이스 도시락	•174
미니와플라이스 도시락	•176
바비큐립 도시락	•178
크리스마스 도시락	•180
스마일삼총사 도시락	•182
시금치미니프리타타 도시락	•184
야채미니돈까스+단호박퀘사디아 도시락	•186
약식 도시락	•188
축구공 도시락	•190
치로와 친구들 도시락	•192
미니오믈렛+치킨가라아게 도시락	•194
키티캐릭터 도시락	•196
수줍은 토끼 도시락	•198
토토로캐릭터 도시락	•200

PART 6

반짝반짝 빛나는 우리 아이 기쁘게 해줄
아이 생일상 차림

단호박케이크	•204
딸기롤케이크	•206
바나나두부컵케이크	•208
생크림과일케이크	•210
요거트블루베리무스	•212
해물잡채+치킨볼+애플시나몬롤	•214
닭봉간장조림+미니핫도그+모둠과일꼬치	•216
미트소스파스타+바닐라밀크푸딩+바비큐립&웨지감자	•218
두부표고버섯탕수+새우파프리카스피링롤+단호박퀘사디아	•220
감자베이컨피자+화이트조랭이떡볶이+레몬치킨강정	•222
치킨샐러드+곡물무슬리견과강정+바나나두부컵케이크	•224

PART 7

꼭 한번 손수 준비해보고 싶은
가족 나들이 도시락

소고기고추주먹밥+소고기우엉주먹밥 도시락	•228
낙지젓갈주먹밥+참치마요주먹밥 도시락	•230
매운닭갈비덮밥+간장닭갈비덮밥 도시락	•232
등심돈까스+야채미니돈까스 도시락	•234
로스트핫치킨샌드위치+로스트치킨랩 도시락	•236
마늘삼겹살찜쌀밥+새송이버섯주키니주먹밥 도시락	•238
시사모김밥+두부김밥 도시락	•240

PART 8

엄마표 도시락의 완성
천연 음료

딸기바나나밀크&망고골드키위주스	•244
방울토마토파프리카주스&사과키위스무디	•246
오미자화채&식혜	•248
단호박아몬드라테&연두부검은깨셰이크	•250
리얼 오렌지주스&블루베리요거트셰이크	•252

부록 – 냉장고용 레시피

도시락에 필수! 과일 담기

자칫 비타민이 부족할 수 있는 도시락에 제철에 나는 맛좋고 싱싱한 과일을 한두 가지 이상 꼭 챙겨주세요. 도시락에 담기 좋은 과일과 과일 담는 방법을 소개할게요.

오렌지
아이들 혼자서 까먹기 힘든 과일 중 하나이므로 도시락에 담을 때는 양끝을 잘라내고 반으로 자른 뒤 0.5cm 정도 두께로 썰고 다시 반으로 잘라 담으면 하나씩 먹기 좋아요.

바나나
보통 바나나는 너무 커서 아이가 다 못 먹을 수 있으므로 미니바나나를 껍질을 벗기지 않은 채 넣어주면 갈변하지도 않고 맛있게 먹을 수 있어요. 큰 바나나를 담아줄 때는 껍질을 모두 벗기지 말고 반으로 자르거나 동그랗게 한입 크기로 자른 뒤 자른 면에 레몬즙을 살짝 뿌리면 시간이 지나도 갈변하지 않아요.

키위
키위는 껍질을 벗기고 세로 또는 가로로 약간 도톰하게 잘라 담아요. 아이가 새콤한 맛이 강한 그린키위를 싫어한다면 새콤한 맛은 적고 단맛이 강한 골드키위를 담아주세요. 너무 익은 키위는 물러져 모양이 망가질 수 있으니 적당히 익은 것을 주세요.

단감
단감은 시간이 지나도 맛이나 모양이 잘 유지되므로 도시락에 넣어주기 좋은 과일이에요. 껍질과 씨를 제거하고 가운데 심지 부분을 잘라낸 뒤 도시락에 담아요.

방울토마토 & 포도
방울토마토는 큰 것보다는 작은 것으로 준비하고 크기가 크면 한입에 먹기 편하도록 반으로 잘라 담아주세요. 방울토마토는 도시락에 빈 공간이 생기는 경우 사이사이에 넣어 빈 곳을 채울 때 활용하기 좋은 과일입니다. 포도는 되도록이면 씨 없는 포도로 준비해 한 알씩 떼어 씻은 뒤 담아주세요.

딸기
한입에 먹기 좋은 크기로 준비해 흐르는 차가운 물에 살살 흔들어 씻은 뒤 꼭지를 떼어내고 담아주세요. 크기가 큰 경우 반으로 자르면 되는데 딸기는 비타민 손실이 심한 과일이므로 될 수 있으면 작은 것으로 준비해 꼭지만 떼어내고 담아주는 게 좋아요. 딸기는 손의 열에도 쉽게 물러지니 재빨리 손질해서 담아주세요.

사과 & 배
껍질을 깎아내고 0.7~0.8cm 두께로 썬 뒤 다시 한입 크기로 잘라 도시락에 담아요. 사과나 배는 공기에 노출되면 갈변하므로 설탕물에 잠깐 담가두었다가 꺼내어 도시락에 담거나 레몬즙을 살짝 뿌려 담으면 갈변을 막을 수 있어요.

파인애플
신맛은 적고 단맛이 많이 나는 골드파인애플이 좋아요. 한입 크기로 자른 뒤 심지 부분을 잘라내고 도시락에 담아요. 기름기가 많거나 육류요리가 주가 되는 도시락에 파인애플을 곁들여주면 소화에 도움이 되지요.

수박 & 참외
참외는 껍질과 씨를 제거하고 한입 크기로 잘라 담아주면 되고, 수박은 물이 많이 생기므로 밀폐용기에 따로 담아주는 것이 좋아요. 씨를 제거하고 한입 크기로 잘라 담아줍니다.

과일 예쁘게 담는 방법

사과나 배 등은 쿠키커터를 이용해 0.7~0.8cm 두께로 다양한 모양으로 잘라 담아보세요. 평소 과일을 싫어하는 아이들에게 좋은 방법이랍니다. 과일을 좋아하는 아이도 이렇게 담아주면 더 즐거워하지요. 남은 과일은 과일주스를 만들거나 갈아서 냉동실에 넣어두었다가 불고기양념장 등을 만들 때 사용하세요.

과일이 여러 가지 있다면 꼬치에 꿰어 담아보세요. 산적용 꼬치에 한입 크기의 과일을 종류별로 꽂아주면 됩니다. 보기에도 훨씬 깔끔하게 도시락에 담을 수 있고 아이가 돌아다니면서 하나씩 들고 먹기에도 좋아요. 꼬치의 뾰족한 부분은 위험하니 과일을 다 꽂고 나서는 잘라내요.

만들어두면 유용한 기본 과일잼 3가지

집에서 만든 건강한 잼 한두 가지만 있으면 과일잼 바른 돌돌샌드위치를 뚝딱 만들어 간식거리로 챙겨줄 수 있어요. 설탕은 넣지 않고 건강하게 만든 홈메이드 과일잼으로 간식 걱정 덜어보세요!

🍊 자이로과당 딸기잼

Ready
딸기 300g, 자이로과당 80g, 레몬즙 1T

Tip ××××××××××××
사과주스 원액을 넣어 함께 조리면 더욱 맛있어요.

Recipe

1. 딸기를 흐르는 찬물에 살살 흔들어 씻은 뒤 2~4등분하여 자이로과당과 함께 중불에서 조리다 딸기가 어느 정도 뭉그러지고 끓기 시작하면 중약불로 줄여 천천히 졸여요.

2. 약 3분의 1로 졸아들 때쯤 레몬즙을 넣고 약간 더 졸여요.

3. 뜨거울 때 소독한 유리병에 옮겨 담아요.

🍊 애플시나몬잼

Ready
사과 300g, 레몬즙 2T, 자이로과당 5T, 시나몬파우더 1/3T

Tip ××××××××××××
자이로과당 대신 아가베시럽을 넣고 조려도 좋아요. 파인애플즙을 내어 함께 넣고 잼을 만들어도 맛있어요.

Recipe

1. 사과를 강판에 갈아요. 자이로과당과 레몬즙을 넣고 저어가며 중약불에서 졸여요.

2. 1/2 정도로 졸아들 때쯤 시나몬파우더를 넣고 약간 더 졸여요.

3. 뜨거울 때 소독한 유리병에 옮겨 담아요.

🍊 무설탕블루베리잼

Ready
블루베리 200g, 산딸기 50g, 포도주스원액 150mL, 아가베시럽 2.5T, 레몬즙 1T

Tip ××××××××××××
블루베리의 단맛과 포도주스의 단맛이 강해 아가베시럽을 많이 넣지 않아도 돼요. 아가베시럽을 처음부터 넣지 말고 어느 정도 졸인 뒤 단맛을 조절하면서 넣으세요.

Recipe

1. 블루베리와 산딸기, 포도주스 원액을 넣고 2분의 1 정도로 줄어들 때까지 중약불에서 졸여요.

2. 레몬즙과 아가베시럽을 넣어 단맛을 조절한 뒤 조금 더 졸여요.

3. 소독한 유리병에 뜨거울 때 옮겨 담아요.

예쁘고 깔끔하게 도시락 담는 순서

1 치커리나 겨자잎 등을 깨끗하게 씻어서 물기를 없앤 뒤 밥을 넣기 전 포인트로 조금씩 밑에 깔면 음식이 더욱 맛깔스러워 보이고 빈 공간이 생기지 않아요.

2 주먹밥이나 김밥 등을 적당한 크기로 만들어 먼저 담아요. 덮밥은 밥을 한 김 식혀 담아야 김이 서리지 않아 밥이 눅눅해지는 걸 막을 수 있어요.

3 반찬과 밥이 뒤섞이지 않도록 야채나 유산지컵 등을 칸막이로 이용해요. 칸막이 대신 이런 식으로 도시락을 싸면 공간을 효율적으로 활용할 수 있어요.

4 반찬이나 곁들이는 2~3가지로 정하고 메인 반찬류를 먼저 담은 다음 서브 반찬을 빈 공간이 생기지 않도록 꼼꼼하게 담아요.

5 간식류나 과일 등을 따로 담아요. 2~3가지 과일을 바로 먹을 수 있도록 손질하여 담아줍니다. 수분이 너무 많거나 무르기 쉬운 과일은 넣지 않는 게 좋아요.

도시락 담기의 기본

- 주먹밥이나 김밥과 마찬가지로 곁들이나 반찬류도 한두 입 크기로 작게 만들어 조리해요.
- 도시락은 빈 공간이 생기지 않도록 담아야 음식이 흐트러지거나 서로 뒤섞이지 않아요. 빈 공간이 생기면 야채잎이나 방울토마토 등을 이용해 공간을 채워요.
- 전이나 부침개 요리는 한입 크기로 작게 부쳐 한 김 식힌 뒤 유산지나 야채를 깔고 도시락에 담아요. 식히지 않고 담으면 물기가 생겨 축축해지고, 다른 음식에도 영향을 미쳐 음식이 쉽게 상할 수 있어요.
- 볶음이나 조림 요리를 할 때는 숨이 죽을 정도로만 익혀야 나중에 너무 물러지는 걸 막을 수 있어요. 양념이나 소스는 바짝 볶거나 조려 수분이 거의 없게 해서 담아요.
- 튀김은 2~3회 튀긴 뒤 기름기를 빼고 식혀서 도시락에 담아요.
- 튀김옷은 얇게 해야 시간이 지나도 덜 눅눅해진답니다.
- 밀가루 대신 쌀가루를 사용하면 튀김옷이 얇게 입혀져요. 밀가루나 전분을 사용할 경우 튀김옷을 입힌 뒤 한번 가볍게 털어내고, 튀김반죽은 묽게 만들어 사용해요.
- 튀김종류는 튀김옷을 입혀 튀기면 커지므로 더 작게 만들어야 해요.
- 튀김이나 동그랑땡 등은 소스 없이도 먹을 수 있도록 밑간을 충분히 해서 조리해요.
- 소스를 따로 담아야 하는 경우에는 작은 소스통에 따로 담는 게 좋아요.

도시락을 빛내줄 도시락 소품

꼭 있어야 하는 소품도 있고, 그렇지 않은 소품도 있지만 좀 더 예쁘고 알차게 도시락을 싸주기 위해 필요한 도시락 소품을 소개할게요. 몇 가지만 준비해두어도 아이 기분을 더 즐겁게 만들어주는 도시락을 쌀 수 있답니다.

주먹밥틀
주먹밥을 동그랗게 많이 만들지만, 좀 더 예쁘고 특별한 주먹밥을 만들어주고 싶다면 주먹밥틀을 이용해보는 것도 좋아요. 크기와 모양이 다양하니 몇 가지 준비해두면 요긴해요. 주먹밥틀을 이용하면 아이도 주먹밥을 쉽게 만들 수 있기 때문에 아이에게 직접 주먹밥을 만들어보게 해보는 것도 좋고요. 자기 손으로 만든 음식은 더 잘 먹게 되니까요.

피크닉 픽
도시락에 한두 개쯤 포크 대신 꽂으면 훨씬 그럴듯한 도시락이 된답니다. 밋밋한 도시락에 한두 개 꽂기만 하면 귀엽고 깜찍한 도시락으로 만들어주니 손재주가 없는 엄마들에게는 더 없이 실용적인 소품이죠. 캐릭터 도시락을 쌀 때 캐릭터를 더욱 돋보이게 해주기도 하지요.

소스통
시중에 예쁜 소스통이 많이 나와 있지만 굳이 소스통을 구입해서 사용할 필요는 없어요. 오히려 그런 소스통은 아이들이 열기도 불편하고 뚜껑을 잃어버리기도 쉽거든요. 아주 작은 반찬통을 소스통으로 이용해도 좋고, 작은 잼병을 잘 씻어두었다가 소스통으로 활용해도 좋아요. 아이를 키우다보면 약통이 많이 생기는데 잘 씻어두었다가 소스통으로 사용해요.

종이포일 · 왁스페이퍼
샌드위치나 튀김종류 등을 담을 때 감싸거나 밑에 깔면 기름기도 잡아주고 훨씬 먹음직스러워 보여요. 밋밋한 도시락에 포인트로 사용해도 좋고요. 도시락에 빈 공간이 많이 생긴다면 종이포일이나 왁스페이퍼를 여러 장 겹쳐 밑에 깐 다음 음식을 담으면 흐트러지지 않아요.

대나무꼬치
과일꼬치, 주먹밥꼬치 등 아이들이 하나씩 들고 먹을 수 있도록 꼬치에 꿰어줄 때 사용해요. 길이가 너무 긴 것보다는 짧은 것이 좋아요. 포크 대신 사용할 수도 있어요. 리본이나 스티커를 붙여 사용하면 좀 더 아기자기한 도시락 차림이 된답니다.

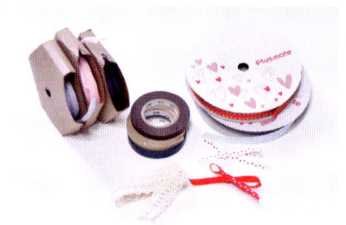

스티커 · 리본 · 종이끈
도시락 용기를 묶어 고정할 때 주로 사용해요. 꼬치, 스푼, 포크 등에 감아주거나 리본을 묶어 예쁘게 꾸밀 때 사용해요.

반찬컵
양념이 많이 묻거나 수분이 많은 음식을 담을 때 크기가 작은 머핀컵이나 종이컵, 실리콘컵 등을 반찬컵으로 사용해요. 반찬컵 전용으로 나와 있는 제품도 있으니 맘에 드는 것으로 골라 사용하세요. 너무 얇은 것보다는 두께감이 있고 코팅이 잘되어 있는 제품이 실용적이랍니다.

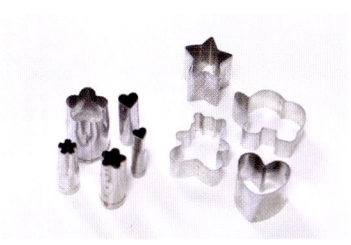

모양틀 · 쿠키틀
아이들이 좋아하는 하트나 별, 동물 모양 등의 틀을 이용해 과일을 잘라 담아보세요. 아이가 정말 좋아한답니다. 주먹밥틀로도 사용할 수 있으니 몇 가지 준비해두면 유용하게 쓸 수 있어요.

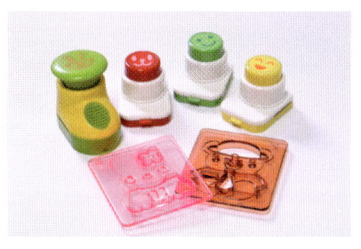

김커터 · 야채커터
가격이 좀 비싸지만 캐릭터 도시락을 쌀 때 필요한 소품이에요. 김커터는 김을 가운데 넣고 누르기만 하면 김이 잘려요. 야채커터도 준비하면 좀 더 다양한 캐릭터 도시락을 준비할 수 있는데, 야채뿐 아니라 치즈 등을 자를 수도 있어요. 특별한 캐릭터 도시락이 아니더라도 주먹밥에 커터기로 자른 김이나 야채를 살짝 붙이는 것만으로도 도시락을 예쁘게 담아줄 수 있어요.

가위 · 집게
캐릭터 도시락을 준비할 때 유용한 도구들이에요. 김을 자르거나 커터기로 자른 김, 야채 등을 집어 올려 모양을 낼 때 손으로 하는 것보다 섬세하게 작업할 수 있어요.

도시락 보자기
음식을 먹을 때 냅킨으로 사용할 수도 있고 밀폐력이 약한 도시락을 움직이지 않도록 감싸줄 때도 좋아요. 밀폐력이 좋은 도시락이라 해도 예쁜 보자기로 한번 감싸면 예뻐서 좋아하지요. 어른용 손수건이나 아이들 두건으로 나온 제품을 사용하면 돼요.

꼭 있어야 할 도시락 용품

앞으로 몇 년 동안 사용하게 될 우리 아이 도시락. 재질과 크기, 모양에 따라 도시락 종류는 무척 많아요. 아이 성향에 맞고 때와 장소에 맞는 도시락은 어떤 것인지 꼼꼼히 살펴보고 준비하세요. 도시락 용기 외에 꼭 있어야 할 도시락 용품을 소개할게요.

도시락 고를 때 점검하세요

- 내 아이가 평소 밥 먹는 양이 얼마만큼인지 파악해 도시락 크기를 먼저 정해요. 아이가 평소에 조금 먹는다면 작은 도시락을, 많이 먹는다면 넉넉한 도시락을 선택해요. 하지만 때와 장소에 따라 준비해야 할 양과 먹는 양이 달라질 수 있고, 어떤 음식을 담느냐에 따라 필요한 도시락이 달라질 수 있으니 도시락을 1단 도시락, 2단 도시락과 같이 종류별로 2개쯤 구비해놓는 게 좋아요.
- 충격에 강하면서 되도록 가벼운 재질의 도시락을 선택해요. 일반적으로 플라스틱이나 스테인리스 재질로 된 도시락이면 적당해요.
- 움직임이 많은 유아들에게는 강화유리라 할지라도 유리로 된 도시락은 적합하지 않아요. 깨질 위험이 있을뿐더러 무거워서 유아들에겐 부담스러워요.
- 엄마와 함께하거나 선생님이 곁에서 도와주기는 하지만 유아들 스스로 열고 닫기 쉬운지 살펴보고 골라요. 구입하기 전 아이에게 열어보게 하거나 구입한 뒤라도 꼭 아이 스스로 열고 닫을 수 있는지 알아보세요.

1단 도시락
평소 많이 먹지 않는 아이들에게 적당한 도시락이에요. 밥과 두세 가지 곁들이 반찬류를 담아주기에 적당합니다. 과일류와 같은 간식류를 더 담아야 하면 지퍼백이나 작은 보조도시락, 일회용 도시락 등을 이용하면 돼요.

2단 도시락
일반적으로 사용하는 도시락이에요. 밥과 반찬류를 1단에 담고, 과일류와 간식류는 2단에 따로 담으면 된답니다. 너무 크지 않은 것으로 준비해요. 다 먹고 나서는 포개어 1단으로 만들 수 있는 도시락도 있으니 편리한 걸로 고르세요.

3~4단 도시락
다 먹고 나서는 하나로 포개어 담을 수 있어서 부피를 줄일 수 있어요. 크기별로 골라 사용할 수 있어서 실용적이랍니다. 3~4단 모두 내용물을 담을 필요는 없고, 적당한 크기로 2개 정도만 사용하면 돼요.

스테인리스 도시락
요즘은 스테인리스 도시락도 예쁜 제품이 많아요. 전체가 스테인리스로 된 제품은 밀폐력이 조금 떨어져요. 뚜껑은 플라스틱으로 되어 있거나 이중으로 된 용기를 선택하면 밀폐력도 좋고, 디자인도 아기자기해 아이들이 좋아해요.

보온도시락
덮밥류의 도시락을 담아주기에 좋고, 죽을 따로 먹여야 하는 경우에 꼭 필요해요. 밥과 반찬 모두 보온이 되는 제품과 밥이나 죽만 따로 담을 수 있는 제품이 있어요.

대나무 도시락
크기가 작은 대나무 도시락은 덮밥류나 김밥 등을 담으면 좋아요. 방수 처리가 되어 있어 음식색이 밸 염려가 없고, 대나무의 찬 성질이 음식이 쉬이 상하는 걸 막아준답니다. 밀폐력은 좋지 않으니 도시락을 담은 뒤에는 밴드로 고정하거나 손수건 등으로 한 번 감싸는 것이 좋아요.

아이스 스토리지
샐러드를 좋아하는 아이라면 하나쯤 준비하세요. 보냉제가 함께 들어 있어서 샐러드나 샌드위치 등을 담으면 2~3시간은 싱싱하게 보관할 수 있어요. 아이스 스토리지가 없다면 작은 보냉팩을 구입해 도시락 가방에 1개 정도 넣어주세요.

펄프·플라스틱 일회용 도시락
크기와 모양에 따라 메인 도시락 용기로 사용하거나 간식을 담는 서브 도시락 용기로 사용해요. 일회용이지만 깔끔하게 사용하면 재사용이 가능하답니다. 펄프 도시락은 밀폐력이 좋지 않기 때문에 가벼운 가족 나들이에 사용하면 좋아요.

보조도시락
과일이나 간식류를 조금씩 따로 담기에 좋은 도시락이에요. 국물이 있는 반찬류는 이렇게 작은 보조도시락에 따로 담으면 밥이나 다른 반찬에 국물이 섞이지 않아 좋아요.

물병
밀폐력이 좋고 가벼우며 아이 혼자서 뚜껑을 열고 닫기 쉬운 제품이 좋아요. 250~350mL가 들어가는 걸로 준비해요. 보온·보냉이 되는 물병은 따뜻하거나 차가운 음료 또는 국물을 담을 때 사용해요. 따뜻한 음료나 국물은 먹기 좋게 식힌 뒤 담아요.

숟가락·포크
아이가 평소 좋아하는 숟가락과 포크 또는 숟가락과 포크 두 가지 용도로 사용할 수 있는 스푼포크가 좋아요. 플라스틱이나 나무로 된 일회용품은 물건을 잘 잃어버리는 아이들에게 챙겨주면 좋고요.

도시락 가방
체험학습이든 소풍이든 대부분 날씨가 따뜻하거나 더운 날 가기 때문에 자칫 정성들여 챙겨준 음식이 상할 수 있어요. 이럴 때 보온·보냉이 되는 도시락 가방에 챙겨주세요. 가족 나들이 할 때도 아이 도시락은 전용 가방에 따로 챙겨주면 아이가 더 즐거워해요.

물티슈
음식 먹기 전에 손을 닦고, 음식 먹을 때 여기저기 묻은 것을 닦을 수 있도록, 물티슈를 챙겨주세요. 손과 입 전용 물티슈나 하나씩 포장되어 있는 물티슈 또는 동전 모양 물티슈를 물에 적신 뒤 지퍼백에 필요한 만큼 챙겨주면 하나씩 꺼내 쓰기도 좋고 첨가물 걱정도 없어요.

레시피 속 궁금한 재료들

가쓰오부시(가쓰오부시국물내기)
가다랑어를 말린 뒤 숙성시켜 얇게 포를 뜬 거예요. 우리나라에서는 멸치국물을 많이 이용하지만 일본에서는 가쓰오부시국물을 맛국물로 많이 이용해요. 우동이나 오코노미야키는 물론 여러 가지 요리에 토핑으로 이용하면 감칠맛을 더해준답니다. 국물을 낼 때는 물 500mL에 가쓰오부시 12~15g을 넣고 우리는데, 물이 끓기 시작하면 가쓰오부시를 넣고 불을 끈 다음 5분 정도만 우려내고 건져요.

쌀가루
집에서 직접 빻은 쌀가루는 쌀을 불린 다음 가루로 빻지만 시판 쌀가루는 습식이 아닌 건식이에요. 튀김옷을 입힐 때 밀가루 대신 사용하면 밀가루보다 덜 묻어 튀김옷이 두껍지 않으며 조금 더 바삭한 맛을 낼 수 있어요. 전을 부칠 때 밀가루에 쌀가루를 조금 섞으면 바삭하면서도 쫄깃한 맛을 낼 수 있어요.

그린빈
우리말로 줄콩 또는 껍질콩이라고 해요. 대중적인 재료는 아니지만 단백질과 기타 영양소가 풍부하므로 아이들이 일찍부터 맛에 익숙해지도록 하면 좋아요. 가락시장이나 인터넷쇼핑몰 등에서 구입할 수 있어요. 끓는 물에 살짝 데쳐 소금과 후추로만 간을 하여 먹어도 고소하고 맛있는데, 먹고 남은 것은 신문지로 감싼 다음 밀봉하여 냉장고 야채칸에 넣어두거나 데친 뒤 냉동실에 두고 먹을 수 있어요.

피시소스
우리나라 까나리액젓보다 약간 단맛이 더해졌지만 비슷한 맛을 지닌 동남아의 식재료예요. 액젓과 비슷한 용도로 사용할 수 있어요. 아이들은 비린 맛에 민감하므로 조금씩 사용하는 것이 좋아요.

우스터소스
토마토, 양파, 셀러리 등의 야채를 넣고 삶아 우린 국물에 갖가지 향신 재료와 식초, 소금 등을 첨가하여 6개월에서 1년 정도 숙성시킨 소스예요. 돈까스소스나 스테이크소스 등의 베이스소스로 활용해요. 책에는 우스터소스, 아가베시럽, 간장을 기본으로 하는 간단한 방법을 소개했어요.

바닐라빈
바닐라의 덜 익은 열매를 발효해 만든 것으로 달콤하고 부드러워요. 베이킹할 때 두루 사용하는 재료로 조금 넣으면 달걀 비린내와 잡내를 잡고 풍미를 더해준답니다. 칼로 배를 살짝 가른 뒤 칼등으로 씨앗을 긁어 쓰고, 껍질은 설탕과 함께 넣어두거나 믹서로 갈아 설탕에 섞어놓으면 설탕에 바닐라빈 향기가 배어 맛을 좋게 해요.

넛맥
육두구라고도 하는 향신료로 우리나라에서는 한약재로 주로 사용해요. 닭고기요리나 생크림이 들어가는 요리에 조금씩 첨가하면 잘 어울리고 생선 비린내를 잡을 때도 사용해요. 많이 넣으면 좋지 않으니 후추 사용하듯 약간씩 사용해요. 가루로 된 제품과 열매 그대로 판매하는 제품이 있는데 오래 두고 쓸 거라면 열매 그대로 구입해 냉동실에 보관했다가 그때그때 강판에 갈아서 사용해요.

유기농치킨스톡
닭육수를 고형화한 일종의 조미료예요. 첨가물은 될 수 있으면 배제하고 천연 원료만으로 만들었는데 수프나 파스타 등에 국물 낼 시간이 없을 때 조금씩 사용해요.

라이스페이퍼
동남아의 식재료로, 쌀을 쪄서 종이처럼 아주 얇게 만들어 말린 거예요. 쫄깃하고 담백해서 아이들도 좋아하는 재료지요. 따뜻한 물에 불린 뒤 접시나 도마 위에 반듯하게 펼치고 원하는 재료를 얹어 돌돌 말아 소스에 찍어 먹는답니다. 대개 사각형이나 원형이고 크기가 다양한데, 아이들 요리에는 가장 작은 게 좋아요.

낫토
일본식 청국장이에요. 우리나라 청국장보다 꿉꿉한 냄새가 적으며 대개 생으로 먹어요. 미끈한 느낌 때문에 처음에는 꺼려하지만 야채와 섞어 요리하거나 김에 싸서 먹이면 잘 먹어요.

무첨가 비엔나소시지
비엔나소시지는 웬만하면 먹이지 않지만 도시락에는 필요할 때가 있어요. 그럴 땐 유기농·친환경 매장에서 판매하는 무첨가 비엔나소시지를 사용해요. 맛은 덜해도 첨가물은 없거나 적어서 안심할 수 있어요.

토마토홀 & 토마토페이스트
파스타나 피자 등을 만들 때 사용해요. 토마토홀은 완숙 토마토를 통째로 삶아 살짝 조린 제품이어서 토마토의 신선함을 그대로 느낄 수 있고, 토마토페이스트는 완숙 토마토를 향신 재료와 함께 되직하게 조려 놓은 것으로 맛과 향이 진해요. 두 가지를 섞거나 따로 사용하고, 남은 제품은 되도록 빨리 소비하거나 냉동실에 보관해요.

건바질 & 건오레가노
파스타나 피자소스 등을 만들 때 꼭 들어가는 허브예요. 프레시한 것보다 향이 훨씬 강해요. 또 시중에서는 프레시한 것을 쉽게 구할 수 없으므로 말린 제품을 구입해두고 사용해요. 토스트를 만들거나 웨지감자 등을 만들 때 약간씩 넣으면 더욱 맛있답니다.

유기농케첩 & 유기농마요네즈
케첩이나 마요네즈는 될 수 있으면 넣지 않지만 아이들 도시락 쌀 때는 자주 사용하게 돼요. 유기농 제품은 첨가물이 덜 들어 있고 단맛과 짠맛이 순한 편이에요. 케첩만 소스로 사용할 때는 물을 약간 섞으면 좀 더 순하게 먹일 수 있어요.

생빵가루
시중에서 판매하는 마른 빵가루는 너무 딱딱해 튀기면 바삭하긴 하지만 아이들 잇몸 등에는 자극적일 수 있어요. 식빵을 구입해 한 장씩 믹서에 넣고 갈아서 사용하면 부드러우면서도 바삭한 튀김을 만들 수 있답니다. 시판 빵가루는 물이나 우유를 조금 섞어 촉촉하게 만든 다음 사용해요.

아가베시럽
멕시코에서 자라는 아가베선인장으로 만든 천연 유기농 과당제품이에요. 설탕과 비교해 1.5배 정도 단맛을 내면서 혈당지수는 설탕의 3분의 1 정도여서 설탕이나 올리고당 대신 많이 사용해요. 칼로리가 낮아 비만인 아이들에게 좋아요. 설탕에 비해 여러 가지 이점이 있지만 당제품이니 너무 많이 사용하지 않는 것이 좋아요.

메이플시럽
단풍나무에서 추출한 단풍나무 수액을 말해요. 단풍나무 수액을 고온으로 오랜 시간 가열하여 시럽으로 만들어요. 풍미가 독특해 일반 요리에는 적합하지 않아요.

병아리콩
국내에서 재배되지 않아 수입되는 콩 중 하나로 단맛이 많고 부드러우며 담백해요. 통조림 제품이 아닌 경우 건조된 상태로 판매해요. 일반적인 콩 요리에 사용할 수 있고, 우유와 함께 갈아 마시게 해도 좋아요. 카레 등에 넣으면 콩을 싫어하는 아이들도 거부감 없이 잘 먹어요.

올리브기름 & 포도씨기름 & 카놀라유

샐러드나 파스타, 나물요리 등에 올리브기름을 넣으면 독특한 풍미가 더해져 맛있어요. 포도씨기름이나 카놀라유는 특유의 향미가 적고 발연점이 높아 볶음이나 튀김요리 등에 잘 어울리지만 깔끔한 맛을 내는 샐러드드레싱으로도 좋아요. 아이가 참기름이나 들기름, 올리브기름의 풍미를 싫어한다면 포도씨기름이나 카놀라유를 적당히 섞어 사용해요.

제과용럼주

사탕수수를 빚어서 만든 도수가 높은 증류주로 베이킹에 사용하는 달걀의 잡냄새를 잡는 데 효과적이에요. 럼주에 바닐라빈을 재워두고 사용하면 바닐라빈의 풍미가 스며들어 빵이나 쿠키 등을 더욱 맛있게 만들어줘요.

머스터드

여기에 소개한 머스터드는 서양식 머스터드로 겨자소스라고 하는 한식 겨자와 비교할 때 매운맛과 톡 쏘는 맛이 약해 아이들 요리에 적합해요. 요리에 맞게 아가베시럽, 올리고당, 마요네즈 등을 섞어 소스를 만들어 사용해요. 제품마다 염도와 신맛 등 맛 차이가 많으므로 여러 가지 제품을 사용해보고 적합한 것을 골라요. 유기농제품이 대체로 맛이 순한 편이에요.

요리술(맛술)

조림요리 등에 조금씩 넣어 잡냄새를 잡으면서 약간 단맛을 내요. 일반 청주에 비해 단맛이 많이 나니 당분이 들어가는 요리에만 사용해요. 요리 중 알코올은 휘발되어 사라져요. 튀김옷에 사용하는 달걀물에 조금씩 섞으면 달걀의 비린 맛과 잡냄새를 잡아줘요.

발사믹식초

포도와인을 발효시켜 만든 포도식초로 단맛이 강해요. 발사믹식초만 조리거나, 단맛을 약간 추가해 2분의 1 정도로 조려 소스로 사용하거나, 올리브기름과 함께 샐러드드레싱으로 사용하면 아이 입맛에 잘 맞는 드레싱이 만들어져요. 가열하면 신맛은 금방 휘발되어 스테이크소스 등을 만들 때도 사용해요.

피클 향신 재료

피클 만들 때 보통 통후추, 정향, 월계수잎 등 여러 가지 향신료가 적절하게 배합된 피클링스파이스를 이용해요. 자극적인 향이 싫거나 강하게 느껴진다면 통후추, 월계수잎, 머스터드씨만 각각 넣고 만들면 좀 더 깔끔한 피클을 만들 수 있어요.

시나몬파우더

우리나라 말로 하면 계핏가루이지만 일반적인 계피를 갈아서 사용하면 전혀 다른 맛이 나요. 일반적으로 알고 있는 계피에 비해 맵고 자극적인 향은 적어요. 베이킹에 조금씩 넣으면 향기가 은은하게 퍼져 식욕을 자극해요. 과일류의 조림 등에 조금씩 뿌리면 잘 어울리고, 우유가 들어가는 요리에 사용하면 우유의 비린내를 잡아줍니다.

순카레분

카레의 주재료인 고수, 강황, 큐민 등 여러 가지 향신료와 소금만으로 조제한 제품이에요. 흔히 사용하는 카레에는 전분, 설탕 등 여러 가지 합성첨가물이 들어 있어요. 요리의 부재료로 카레를 조금씩 사용할 경우 조미카레 대신 순카레분으로 깔끔한 맛을 내보세요. 매운맛이 있으니 너무 많이 사용하지 마세요.

자이로과당

과일, 채소류 등의 단맛을 내는 과당을 모아 만든 천연감미료예요. 설탕의 1/2~1/3 양으로 같은 단맛을 낼 수 있어요.

책 속 레시피 보기

- 밥 1공기는 약 180g으로 계산하였습니다.
- 1컵은 250mL를 기준으로 하였습니다.
- 1T는 성인 밥숟가락 한 숟가락을 기준으로 계산하였습니다.
- 달걀 1개는 약 60g 기준으로 계산하였습니다.
- 도시락 레시피는 아이 1인 기준으로 작성하였습니다.

예쁘고 맛있는 주먹밥 만들기 기본
주먹밥에 색을 입혀요!

천연 식재료를 이용하여 주먹밥에 다양한 색깔을 입히세요. 주먹밥 소를 넣어 주먹밥을 만들거나 다양한 재료로 색을 입힌 주먹밥을 만들어 눈과 입이 즐거운 예쁜 도시락을 싸보세요. 캐릭터 도시락을 만들 때도 유용하답니다. 소금과 참기름을 약간 넣어 간을 맞추면 다른 재료 없이도 맛있는 주먹밥이 돼요.

비트주먹밥
생비트 뿌리를 강판에 간 뒤 즙만 걸러 밥에 조금씩 넣어 색을 내요. 즙을 거르고 난 뒤 건더기를 밥에 넣고 섞어도 돼요. 약간만 넣어도 예쁜 분홍빛을 띠니 조금씩 넣으며 색을 조절해요. 소금과 참기름을 조금씩 넣고 간을 맞추어요. 핑크를 좋아하는 여자아이들에게 특히 인기 있는 주먹밥이에요.

브로콜리주먹밥
물에 소금을 약간 넣고 팔팔 끓으면 브로콜리를 넣고 10초 정도만 데친 다음 찬물에 바로 헹군 뒤 물기를 털어 꽃송이 부분만 잘게 다져 밥에 넣고 섞어요. 골고루 섞이고 색이 나면 소금과 참기름을 조금씩 넣고 간을 맞추어요. 브로콜리 대신 시금치, 비타민 등을 사용해도 좋아요.

달걀노른자 주먹밥
달걀을 완숙으로 삶은 뒤 노른자를 체에 곱게 내린 다음 밥에 넣고 조물조물해서 섞어요. 색이 고루 나면 소금과 참기름을 조금씩 넣고 간을 맞추어요. 아이가 달걀노른자 비린내에 민감하다면, 식초나 레몬즙을 한두 방울만 떨어뜨리면 비린내가 가셔요.

당근주먹밥
당근을 끓는 물에 삶거나 찜통에 찐 뒤 곱게 으깨 밥에 섞어요. 골고루 섞이고 색이 나면 소금과 참기름을 조금씩 넣고 간을 맞추어요. 생당근은 소화가 잘 안 되기도 하고 당근 비린내 때문에 싫어할 수 있으니 익혀서 사용하는 것이 좋아요.

가쓰오부시주먹밥
가쓰오부시를 봉지에 넣고 손으로 비벼 잘게 부순 뒤 밥에 넣고 섞어요. 소금과 참기름으로 간을 하거나 간장과 참기름으로 간을 하면 더 잘 어울려요.

간장주먹밥
진간장과 참기름을 밥에 넣고 섞어요. 진간장 대신 대파·마늘·배·생강·후추 등을 조린 맛간장을 넣고 만들면 더 맛있답니다. 한 번에 조금씩 넣어 색을 내고 밥이 질면 간장을 조려서 사용해요.

검은깨주먹밥
밥에 볶은 검은깨와 소금, 참기름을 넣고 섞어요. 통깨로 만들어야 모양이 깔끔하고 예쁘지만, 어린아이일수록 깨소금이 소화도 잘되고 좋아요.

김주먹밥
조미김을 위생봉지에 넣고 최대한 잘게 부수거나 믹서에 넣고 곱게 갈아 밥, 소금 약간과 함께 버무려요. 생김을 사용할 경우 가스불에 구운 뒤 잘게 부수고 밥에 소금과 참기름 또는 들기름을 넣고 섞어 만들어요.

맛있는 주먹밥 양념 6가지
이것만 알아도 도시락 쉽게 쌀 수 있어요.

아이들 도시락에 가장 많이 이용하게 되는 주먹밥! 쉽게 구할 수 있는 재료로 인기 있는 주먹밥을 만들 수 있는 양념 6가지를 소개해요. 밥 전체에 버무려 주먹밥을 만들거나 주먹밥소로 활용하면 된답니다. 전날 만들어두면 좀 더 편해요. 2~3가지 만들어서 다양한 주먹밥을 만들어주면 영양까지 챙길 수 있어서 좋겠죠?

● 야채소고기볶음

Ready
다진 소고기 40g, 다진 애호박 1T, 다진 양파 1T
양념장 다진 파·다진 마늘 1/6T, 진간장 1/3T, 참기름 약간, 청주 1/4T, 설탕 1/4T, 통깨(혹은 깨소금) 1/4T, 생강즙 약간

1 분량의 양념장 재료를 모두 넣고 골고루 섞어 양념장을 만들어요. 키친타월로 핏물을 제거한 다진 소고기를 기름을 약간 두른 팬에 볶아요.

2 고기 겉면이 익으면 다진 양파와 다진 애호박을 넣고 볶다가 양념장을 넣고 마저 볶아요.

● 닭고기고추장볶음

Ready
닭가슴살 1/2쪽, 다진 양파 1.3T, 다진 애호박 1/2T, 다진 당근 1/2T, 다진 쪽파 1T
양념장 진간장 1/2T, 고추장 1/4T, 유기농설탕 1/2T, 다진 마늘 1/3T, 물 1T, 청주·생강즙·참기름 약간씩

1 분량의 양념장 재료를 모두 넣고 골고루 섞어 양념장을 만들어요. 닭가슴살을 다져 기름 두른 팬에 볶아요.

2 다진 양파와 다진 당근, 다진 애호박을 넣고 볶아요. 야채의 숨이 약간 죽으면 양념장을 넣고 볶고, 마지막에 쪽파를 넣고는 잠깐 더 볶아요.

● 마늘멸치볶음

Ready
잔멸치 1.3T, 마늘 2~3개, 올리브기름 1/3T, 쪽파 1/2T, 검은깨 1/4T, 진간장 1/3T, 아가베시럽 1/3T

1 기름을 두르지 않은 팬에 잔멸치를 넣고 비린내가 날아갈 때까지 볶아요. 올리브기름을 조금 두르고 도톰하게 채 썬 마늘을 넣고 멸치와 함께 볶아요.

2 진간장과 아가베시럽을 넣고 볶다 수분이 어느 정도 사라지면 다진 쪽파와 검은깨를 넣고 버무려요.

북어보푸라기야채볶음

Ready
손질된 북어포 20g, 다진 양파 1T, 다진 당근 2/3T, 유기농마요네즈 1/3T
양념장 진간장 1/2T, 아가베시럽 1/2T, 다진 파 1/3T, 다진 마늘 1/3T, 참기름 1/6T, 통깨 1/3T

Recipe

1 분량의 양념장 재료를 모두 넣고 골고루 섞어 양념장을 만들어요. 북어포는 찬물에 잠깐 넣었다가 건져 물기를 꼭 짜서 믹서에 넣고 곱게 갈아요.

2 곱게 분쇄된 북어포에 마요네즈를 넣고 버무린 뒤 기름을 조금 두른 팬에 볶은 다음 접시에 덜어놓아요. 다시 기름을 조금 두르고 다진 야채를 넣고 볶아요.

3 볶아놓은 북어포를 함께 넣고 양념장을 넣어 수분이 날아갈 때까지 볶아요.

Tip 손질된 북어포라도 잔가시가 남아 있는지 꼼꼼히 확인해야 해요. 북어포 대신 황태포를 사용해도 좋고요. 이렇게 보푸라기를 만들어 볶으면 아이가 씹기 편해요.

참치마요네즈

Ready
통조림참치 1T, 다진 오이피클 1/3T
소스 유기농마요네즈 1/3T, 머스터드 1/5T, 아가베시럽·후추 약간씩

Recipe

1 참치는 체에 밭쳐 기름기를 짜내서 준비해요. 오이피클을 곱게 다져 기름기 뺀 참치와 함께 준비해요.

2 분량의 소스 재료를 모두 섞어 소스를 만들어요. 참치와 오이피클 다진 것에 소스를 넣고 버무려요.

참치야채볶음

Ready
통조림참치 1/2T, 다진 애호박 1/2T, 다진 양파 1T, 다진 당근 1/3T, 통조림옥수수 1/2T
양념장 유기농케첩 1/2T, 아가베시럽 1/3T, 고추장 1/6T, 참기름 1/6T, 후추 약간

Recipe

1 분량의 양념장 재료를 모두 넣고 골고루 섞어 양념장을 만들어요. 참치는 체에 밭쳐 기름기를 빼내요.

2 팬에 기름을 조금 두르고 다진 야채, 찬물에 헹군 뒤 살짝 다진 통조림옥수수를 넣고 볶아요. 야채의 숨이 죽으면 참치를 넣고 양념장을 넣어 볶아요.

Tip 양념에 들어가는 고추장은 순한 맛으로 해서 너무 맵지 않게 만들고, 아이 기호에 따라 가감하세요. 평소 주먹밥이나 볶음밥을 만들 때도 활용해보세요! 밑반찬으로 좋답니다.

만들어두면 유용한 기본 피클 3가지

아이 도시락 반찬은 대부분 볶거나 튀기는 등 익혀서 조리한 음식이기 때문에 자칫 느끼해질 수 있어요. 평소에 많이 해주는 아이들용 야채 반찬은 싱거워 따뜻한 날씨에 쉬이 상할 수 있기 때문에 아이들 도시락 반찬으로 꺼려지기도 하는데요. 이럴 때는 피클을 만들어 반찬으로 사용해요. 새콤달콤한 맛이 아이들 입맛을 자극하고 맛이 쉬이 변하지 않아 안심이에요. 소개한 피클 이외에 제철 야채로 다양하게 만들어 활용해요.

야채모듬피클

Ready
피클물(물 180mL, 식초 60mL, 유기농설탕 4T, 소금 1/3T, 피클링스파이스 1/3T, 월계수잎 1장), 백오이 2개, 무 40g, 파프리카 25g, 양파 15g, 적양배추 10g

1 무는 사방 1cm 정도로 깍둑 썰고, 오이는 소금으로 문질러 씻은 뒤 무와 비슷한 크기로 썰고, 나머지 재료도 비슷한 크기로 잘라요.

2 피클물 재료를 작은 냄비에 넣고 가열해 끓어오르면 바로 불을 꺼요.

3 손질한 피클 재료에 피클물을 부은 뒤 한 김 식혔다가 온기가 약간 남아 있을 때 소독한 용기에 옮겨 담아요.

Tip 적양배추는 피클에 예쁜 분홍빛을 내주지만, 많이 넣으면 색이 너무 진해지니 약간만 사용해요. 피클링스파이스가 없을 때는 통후추를 6~8개 넣고 통마늘을 함께 넣어 만들어요.

미니오이피클

Ready
피클물(물 250mL, 식초 80mL, 유기농설탕 5T, 소금 1/3T, 겨자씨 1/3T, 월계수잎 1~2장), 미니오이 10개

1 미니오이는 소금으로 문질러 씻은 뒤 키친타월이나 마른 행주로 물기를 닦아요.

2 피클물 재료를 작은 냄비에 넣고 가열해 끓어오르기 시작하면 바로 불을 꺼요.

3 손질한 미니오이를 소독한 용기에 담고 피클물을 부어요.

양송이간장피클

Ready

피클물(버섯 삶은 물 80mL, 진간장 1.5T, 식초 2T, 유기농설탕 1.3T, 올리브기름 2.5T, 겨자씨 1/4T, 통후추 4~5알, 월계수잎 1~2장), 양송이 15개

Recipe

1 양송이버섯을 슬라이스해서 뜨거운 물에 데쳐 물기를 뺀 뒤 삶은 물은 버리지 말고 피클물로 사용해요.

2 피클물 재료를 작은 냄비에 넣고 가열해 끓어오르기 시작하면 바로 불을 끈 뒤 데친 양송이버섯을 담은 용기에 부어요.

3 2에 올리브기름을 부어 완성해요.

Tip ××××××××××××××××××××××××××××
올리브기름과 고루 섞은 다음 꺼내는데 냉장고에 오래 넣어두면 올리브기름이 굳어버리니 미리 꺼내요. 조금씩 만들어 일주일 안에 먹는 게 좋아요.

PART 1
한 입에 쏙 들어가는
미니김밥&롤 도시락

"우리 아이에게 딱 맞는 미니김밥&롤 도시락을 소개합니다.
햄, 단무지, 어묵 등의 재료는 될 수 있는 한 사용하지 않고
엄마가 직접 준비한 재료들로 맛을 낸 맛있는 김밥 레시피들이랍니다."

가지소고기롤 도시락

가지소고기롤+미니치킨까스+파인애플샐러드

Ready

🔸 **가지소고기롤**
밥 2/3공기, 가지 1/3개
(소금·후추·
올리브기름 약간씩), 김 1/2장,
소고기다짐육 1.5T
(소스 : 토마토퓨레 2T,
다진 양파 1T, 다진 마늘 1개,
파마산치즈 가루 1/3T,
소금·후추·건바질 약간씩),
올리브기름 1T

🔸 **미니치킨까스**
닭안심 2쪽(밑간 : 소금·
후추 약간씩),
튀김옷 쌀가루 1T, 달걀 1/2개,
생빵가루 5T+파슬리가루 1/3T

🔸 **파인애플샐러드**
샐러드용 어린잎 10g,
파인애플 30g,
방울토마토 4~5개
소스 머스터드 1T,
유기농마요네즈 1/2T,
아가베시럽 1/2T,
오이피클 다진 것 1/3T

Recipe
🍊 가지소고기롤

1 팬에 올리브기름을 살짝 두르고 다진 양파와 다진 마늘을 넣고 향이 나도록 볶아요.

2 다진 소고기를 넣어 볶다가 나머지 소스 재료를 모두 넣고 수분이 거의 날아가도록 볶으면서 조립니다.

3 가지는 소금으로 문질러 씻은 뒤 필러를 이용해 얇게 슬라이스한 뒤 소금·후추·올리브기름을 조금씩 뿌려 달구어진 팬에 앞뒤로 살짝 구워요.

4 밥에 올리브기름을 약간 뿌려 뒤섞은 뒤, 김발에 랩을 씌우고 김을 1/2로 잘라 밥을 올려 펴주고 뒤집어요.

5 김 위에 2의 소고기소스를 올려 만 뒤 구운 가지를 다시 한 번 말아 그대로 담거나 들고 먹기 편하도록 꼬치를 꽂아 도시락에 담아요.

🍊 미니치킨까스

6 닭안심의 힘줄을 제거한 뒤 작게 썰어 소금과 후추를 살짝 뿌려 밑간을 해요.

7 밑간한 닭고기는 쌀가루 → 달걀물 → 파슬리가루를 섞은 생빵가루 순으로 튀김옷을 입힌 뒤 170도 정도의 튀김기름에 넣어 노릇하게 튀겨내요.

🍊 파인애플샐러드

8 분량의 소스 재료를 모두 섞어 소스를 만들어 소스통에 따로 담아요.

9 어린잎 채소는 찬물에 잠깐 담가두었다가 물기를 털어내고, 파인애플은 먹기 좋게 잘라 방울토마토와 함께 다른 용기에 담아요.

Tip ××××××××××××××××××××××××××××××××××
유럽풍의 요리를 주먹밥으로 응용해보았어요. 보기에도 좋고 맛도 좋아 특별한 분위기를 내는 피크닉 도시락으로 좋은 메뉴예요. 샐러드를 먹을 때는 미니치킨까스를 함께 넣고 소스를 뿌려 먹어도 좋아요. 그럼 치킨샐러드가 되겠죠?

미니김밥&롤 도시락 02

견과아보카도롤 도시락
견과아보카도롤+단호박전

Ready

◉ **견과아보카도롤**
기장밥 2/3공기, 김 1/2장,
견과류 다진 것 1T, 검은깨 1/3T,
아보카도 15g, 오이 5g,
빨간색 파프리카 5g,
칵테일 새우 3마리
(소스 : 유기농마요네즈 1/2T,
아가베시럽·머스터드 각각
1/4T, 후추 약간)
단촛물 식초 1/2T, 설탕 1/2T,
소금 약간

◉ **단호박전**
채 썬 단호박 30g, 밀가루 1T,
물 2T, 파마산치즈가루 1/2T,
검은깨 약간

Recipe

견과아보카도롤

1 분량의 단촛물 재료를 설탕이 녹을 정도로만 살짝 끓여 밥에 입바람을 불어가며 고슬고슬하게 섞은 뒤 다진 견과류와 검은깨를 넣어 섞어요.

2 칵테일 새우는 뜨거운 물에 살짝 데친 뒤 잘게 다져 분량의 소스 재료를 넣고 섞습니다.

3 아보카도는 너무 익지 않은 것으로 준비해 씨와 껍질을 제거한 후 얇게 채 썰고, 오이는 5cm 정도 길이로 자른 뒤 씨 부분을 제외하고 돌려 깎아 채 썰고, 파프리카는 씨를 제거한 후 채 썰어 준비해요.

단호박전

4 김은 1/2로 자른 뒤 랩을 씌운 김발에 거친 면이 위로 올라오도록 올린 뒤 그 위에 1의 밥을 올리고 꼼꼼하게 펴요. 김 위로 1cm 정도만큼 밥을 더 깔아줍니다.

5 4를 뒤집어 2와 3을 올린 뒤 돌돌 말아서 1cm 정도로 잘라서 도시락에 담아요.

6 단호박은 씨만 제거한 뒤 깨끗하게 씻어 껍질째 가늘게 채 썰어 나머지 재료를 넣고 반죽해요.

7 팬에 기름을 두르고 한 숟가락씩 떠 넣어 약간 노릇할 정도로 전을 부쳐요. 완전히 식은 뒤 도시락에 담아요.

Tip ××
아이가 단호박을 싫어한다면 단호박을 믹서로 곱게 갈아서 전을 부쳐주면 더 좋아요. 달콤한 맛이 많이 나서 특히 아이들이 좋아합니다. 아보카도는 적당히 익은 것으로 사용해야 고소한 맛이 납니다. 아이들에게 먹일 롤은 위에 소스를 뿌리지 않고 안에 들어간 재료만으로 맛을 내요.

미니김밥&롤 도시락 03

꼬마김밥 도시락
꼬마김밥+해물버섯완자

Ready

🌸 **꼬마김밥**
기장밥 2/3공기(소금·참기름·
검은깨 약간씩), 김 1장,
당근 20g(식초·
설탕 1/5T, 소금 약간),
오이 20g, 우엉 20g
(진간장·아가베시럽 1/4T),
달걀 1/3개

🌸 **해물버섯완자**
양송이 1/2개, 표고버섯 1/2개,
오징어 10g, 새우살 15g,
빵가루 1.5T,
송송 썬 쪽파 1/2T, 다진 양파 5g,
다진 당근 5g, 달걀흰자 1T,
소금·후추·
참기름·마늘·설탕 약간씩
전옷 쌀가루 1T, 달걀 1/2개

Recipe

꼬마김밥

1 오이는 4cm 정도 길이로 자른 뒤 씨 부분은 제외하고 돌려 깎아 채 썰어 팬에 기름을 살짝 두르고 소금을 약간 뿌려 볶아요.

2 당근은 오이와 비슷한 길이로 채 썰어 식초·설탕·소금을 넣고 조물조물해 양념이 배도록 잠시 둡니다.

3 우엉은 어슷 썰어 채 썬 뒤 식초물에 잠깐 담가두었다가 팬에 기름을 살짝 두르고 볶다가 투명해지면 진간장과 아가베시럽을 넣고 조립니다.

4 달걀은 잘 풀어 기름을 살짝 두른 팬에 얇게 지단을 부쳐 한 김 식힌 뒤 얇게 채 썰어요.

5 밥에 소금·참기름·검은깨를 넣고 버무려요.

6 김은 4등분한 뒤 밥을 조금씩 얇게 올려 깔고 재료를 한 가지씩 올려 돌돌 말아 꼬마김밥을 만들어요.

해물버섯완자

7 모든 재료를 블렌더에 넣고 대강 다져 반죽해요.

8 반죽을 조금씩 떼어내 동글납작하게 만들어 쌀가루 → 달걀물 순으로 옷을 입혀요.

9 팬에 기름을 적당히 두르고 타지 않도록 불 조절에 신경 써 가며 앞뒤로 노릇하게 지져내요.

Tip ××××××××××××××××××××
해물버섯완자는 넉넉히 만들어 냉동실에 넣어 두면 요긴하게 사용할 수 있어요. 일일이 다져서 만들면 손이 많이 가지만, 블렌더를 이용하면 어렵지 않게 뚝딱 만들 수 있어요.

미니김밥&롤 도시락 04

날치알김치김밥 도시락
날치알김치김밥+오징어볼

Ready

🟠 **날치알김치김밥**
기장밥 2/3공기, 김 1장,
날치알 2/3T, 다진 김치 2T
(들기름 약간, 아가베시럽 1/3T),
다진 피망 1/2T, 소금 약간

🟠 **오징어볼**
오징어몸통 1/2마리, 양파 20g,
파 5g, 소금·참기름·맛술·
후추·마늘 약간씩
튀김옷 쌀가루 1T, 달걀 1/2개,
생빵가루 5T+파슬리가루 1/3T
소스 재료 유기농마요네즈 1/2T,
머스터드·아가베시럽 1/3T,
다진 오이·다진 피클 각각 1/3T,
후추 약간

Recipe

날치알김치김밥

1. 김치는 양념을 모두 씻어내고 잘게 다져 들기름을 살짝 두른 팬에 넣어 볶고 아가베시럽을 넣어 단맛을 내요.

2. 1에 기름을 조금 더 두른 뒤 기장밥·날치알·다진 피망을 넣고 볶고 소금을 약간 뿌려 간을 해요.

3. 김발 위에 김의 거친 면이 위로 올라오도록 놓고 김치날치알볶음밥을 한 김 식혀 올린 뒤 편평하게 펴주고 돌돌 말아 먹기 좋은 크기로 썹니다.

오징어볼

4. 튀김옷과 소스 재료를 제외한 재료를 믹서에 모두 넣고 갈아요.

5. 오징어 반죽을 손으로 조금씩 떼어내 쌀가루를 입히고 달걀물을 입힌 다음 파슬리가루를 섞은 생빵가루를 입혀요.

6. 튀기기 전 모양을 동글동글하게 잡아 줍니다.

7. 170~180도의 튀김기름에 넣어 노릇하게 튀겨내요.

Tip 유아들에게 날치알을 익히지 않고 먹이면 탈이 날 위험이 있으니 꼭 익혀서 먹이세요. 아이가 커서 매운 음식에 조금 익숙해지면 김치 양념을 씻어내지 않고 만들어주면 더 맛있습니다. 오징어볼 반죽은 상당히 질기 때문에 처음엔 모양 잡기가 힘들어요. 생빵가루까지 입힌 다음 모양을 잡아 튀기면 예쁘게 튀겨집니다.

미니김밥&롤 도시락 05

돈까스김밥 도시락
돈까스김밥+두부마요네즈샐러드

Ready

● 돈까스김밥
기장밥 2/3공기(소금·참기름·파슬리가루 약간씩), 김 1장
돈까스
돼지고기 등심(탕수육용) 30g, 소금·후추 약간씩, 튀김옷
(쌀가루 1T, 달걀 1/2개, 생빵가루 5T),
양배추 15g(유기농마요네즈·유기농케첩 각각 1/3T)
돈까스소스 케첩 1T, 우스터소스 1T, 아가베시럽 1/2T, 물 1/2T

● 두부마요네즈샐러드
사과·배·키위 각각 25g
두부마요네즈 소스 두부 50g, 포도씨기름 1.5T, 설탕 2/3T, 식초 2/3T, 소금 약간

Recipe
돈까스김밥

1. 탕수육용으로 손질되어 나온 돼지고기 등심을 준비해 소금·후추를 뿌려 밑간해요.

2. 밑간한 돼지고기는 쌀가루 → 달걀물 → 생빵가루 순으로 튀김옷을 입혀 170~180도의 튀김기름에 노릇하게 튀겨요.

3. 양배추는 가늘게 채 썬 뒤 찬물에 잠깐 담가두었다가 물기를 털어내고 유기농케첩과 유기농마요네즈를 조금 섞어 버무려요.

4. 기장밥에 소금·참기름·파슬리가루를 넣어 섞어요.

5. 김을 거친 면이 위로 올라오도록 놓은 뒤 그 위에 4의 기장밥을 얇게 펴 올리고 양배추 샐러드와 돈까스를 올려 돌돌 말아 김밥을 완성해요. 먹기 좋게 썰어 도시락에 담아줍니다.

6. 분량의 돈까스소스 재료를 모두 넣고 바글바글 끓인 뒤 식혀 소스통에 따로 담아 넣어주어요.

두부마요네즈샐러드

캐슈넛이나 검은깨 등을 넣고 함께 갈면 더 맛있어요.

7. 두부마요네즈 소스 재료를 믹서에 모두 넣고 곱게 갈아 소스를 만들어요.

8. 과일을 먹기 좋은 크기로 자른 뒤 만들어놓은 두부마요네즈를 적당히 넣고 잘 버무려 도시락에 담습니다.

 Tip ××××××××××××××××
돈까스는 조금 넉넉하게 튀겨내 아이가 더 먹을 수 있도록 옆에 따로 담고 돈까스소스를 만들어 소스통에 넣어주세요. 돈까스소스를 만들 때 파인애플을 갈아넣어도 좋습니다. 우리 아이는 김밥을 돈까스소스에 찍어 먹는 것도 좋아하더군요.

미니김밥&롤 도시락 06

두부김밥 도시락
두부김밥+두부야채볼탕수

Ready

◎ **두부김밥**
밥 2/3공기(소금 · 참기름 · 검은깨 조금씩),
부침용 두부 30g(소금 약간),
오이 15g(소금 약간),
우엉조림 30g(우엉 25g,
진간장 · 아가베시럽 각각 1/4T,
올리브기름 약간),
당근 15g(소금 약간)

◎ **두부야채볼탕수**
양파 15g, 양송이버섯 1개,
파프리카 15g, 데친 브로콜리 10g,
참기름 · 통깨 약간씩
두부볼 두부 60g, 다진 당근 ·
다진 양파 · 다진 애호박 각각 1T,
쌀가루 1/3T,
소금 · 참기름 약간씩,
녹말가루 1T
소스 진간장 1/2T,
유기농케첩 1/3T, 레몬즙 1/2T,
아가베시럽 1/2T, 물 4T,
녹말가루 약간

Recipe
두부김밥

1. 두부는 0.7cm 정도 두께로 잘라 소금을 약간 뿌려두세요.
2. 키친타월로 두부의 물기를 제거하고 기름을 살짝 두른 팬에 노릇하게 구워요.
3. 채 썬 당근을 한쪽에 넣어 소금을 약간 뿌려 볶아요. 돌려 깎아 채 썬 오이는 소금을 약간 뿌려 절인 뒤 물기를 조금만 짜내요.

두부야채볼탕수

4. 우엉은 채 썰어 찬물에 잠깐 담가두었다가 기름 두른 팬에 넣어 투명해지도록 볶고 진간장과 아가베시럽을 넣어 약한 불에서 조려요.
5. 밥에 소금·참기름·검은깨를 넣고 섞어 김 위에 얇게 펴 깔아 두부, 절인 오이, 볶은 당근, 우엉조림을 올려 돌돌 말아요. 먹기 좋은 크기로 썰어 도시락에 담아요.
6. 두부는 물기를 제거해 손으로 으깨요. 기름을 두른 팬에 다진 양파, 다진 당근, 다진 애호박을 넣고 볶아요.

7. 으깬 두부에 볶은 야채와 쌀가루를 넣고 소금과 참기름으로 간을 하여 동그랗게 볼을 만들어요.
8. 두부야채볼에 녹말가루를 골고루 입힌 뒤 기름을 넉넉히 두른 팬에 넣고 굴려가며 노릇하게 익혀요.
9. 기름 두른 팬에 야채를 넣고 살짝 볶다가 소스 재료를 넣고 한 김 끓인 뒤 튀긴 두부볼을 넣어 조려요.

10. 마지막에 참기름과 통깨를 뿌려 한두 번 뒤적인 뒤 완성해요.

Tip
고기 없이 채식용 음식들로 도시락을 담아보았습니다. 햄이나 소시지 등이 들어가지 않고 두부를 구워 만든 두부김밥은 의외로 담백하고 맛이 좋아요. 조금 더 맛을 내고 싶으면 양념장에 조린 두부를 넣어 만들어보세요. 아이가 더욱 맛있게 먹을 거예요. 두부야채볼탕수는 평소에 밥반찬으로 활용하기에도 좋은 메뉴예요. 두부를 싫어하는 아이들에게 만들어 줘보세요.

미니김밥&롤 도시락 07

버섯김밥달걀말이 도시락
버섯김밥달걀말이 + 두부쑥갓전

Ready

● **버섯김밥달걀말이**
기장밥 1/2공기(소금·참기름·
검은깨 조금씩), 김 1장, 당근 15g,
느타리버섯 20g,
데친 시금치 10g(소금·
참기름 약간씩),
달걀 1/2개(물 1/2T, 소금·
파슬리가루 약간씩)
느타리버섯양념 진간장 1/4T,
아가베시럽 1/4T, 참기름·
다진 마늘 약간씩

● **두부쑥갓전**
부침용 두부 50g,
데친 쑥갓 10g, 달걀 1/3개,
밀가루 1/3T,
다진 마늘·참기름 약간씩,
캐슈넛가루 1/2T

Recipe

🍊 버섯김밥달걀말이

1 당근은 얇게 채 썬 뒤 기름 두른 팬에 살짝 볶아요.

2 시금치는 끓는 물에 소금을 약간 넣고 살짝 데쳐 찬물에 헹구어 물기를 가볍게 짜낸 뒤 소금과 참기름을 약간 넣어 조물조물해요.

3 느타리버섯은 손으로 잘게 찢어 기름 두른 팬에 다진 마늘과 함께 살짝 볶은 뒤 숨이 죽으면 나머지 양념 재료를 넣고 조금 더 볶아 접시에 담아 식혀요.

4 밥에 소금과 참기름을 넣어 양념하고 검은깨를 넣어 고루 섞어요.

5 김밥의 거친 면이 위로 올라오도록 김발에 놓은 뒤 4의 양념한 밥을 얇게 펴 올리고 1~3의 재료를 올려 돌돌 말아요.

6 기름 두른 팬이 달구어지면 불을 약하게 줄이고 물과 소금, 파슬리가루를 섞어 만든 달걀물을 얇게 붓고 달걀이 70% 정도 익으면 만들어놓은 김밥을 올려 돌돌 말아요. 완전히 식은 뒤 적당한 크기로 잘라 도시락에 담아요.

🍊 두부쑥갓전

7 부침용 두부를 손으로 대충 으깬 뒤 데친 쑥갓을 잘게 다져넣고 나머지 재료도 함께 넣어 고루 반죽해요.

8 팬에 기름을 두르고 1/2숟가락씩 떠 넣어 동글납작하게 전을 부쳐요.

Tip ××××××××××××××××××
두부에 캐슈넛가루나 땅콩가루를 넣어 전을 부치면 고소함이 더해져 맛이 좋답니다.

미니김밥&롤 도시락 08

베이컨그린빈김밥 도시락
베이컨그린빈김밥＋당근감자채전＋오믈렛

Ready

● **베이컨그린빈김밥**
기장밥 2/3공기(소금·참기름·검은깨 조금씩), 김 1장,
베이컨 1~2줄,
그린빈 2~4개(소금·후추·올리브기름 약간)

● **당근감자채전**
감자 50g, 당근 10g, 양파 10g,
순카레가루 1/4T, 밀가루 2/3T,
물 2T

● **오믈렛**
달걀 1개, 우유 1T,
유기농설탕 1/4T, 소금 약간

Recipe

베이컨그린빈김밥

1 베이컨은 기름을 두르지 않은 팬에 넣어 앞뒤로 뒤집어가며 익혀 키친타월에 올려 기름기를 뺍니다.

2 그린빈은 뜨거운 물에 1분 정도 데친 뒤 소금·후추·올리브기름을 뿌려 버무려요.

3 밥에 소금·참기름·검은깨를 뿌려 양념하고 김발에 김을 올려 양념한 밥을 올린 다음 베이컨과 그린빈을 올리고 김밥을 말아요.

당근감자채전

4 당근·감자·양파를 얇게 채 썰어 카레가루와 밀가루, 물을 넣고 버무려 반죽해요.

5 팬에 기름을 두르고 한 숟가락씩 떠 올려 뒤집어가며 천천히 노릇하게 구워요.

오믈렛

6 달걀에 우유·설탕·소금을 넣고 젓가락이나 포크를 이용해 잘 풀어요.

7 팬에 기름을 약간 두르고 팬이 충분히 달궈지면 불을 약하게 줄인 뒤 6의 달걀물을 붓고 휘휘 저어 반숙해서 3번 접은 다음 마저 익혀요. 완전히 식힌 뒤 먹기 좋은 크기로 잘라 도시락에 담아요.

 Tip ×××××××××××××××××××
맛이 심심하다고 느껴진다면 베이컨을 2장 정도 올려 만들어보세요. 베이컨과 잘 어울리는 아스파라거스를 그린빈 대신 넣고 김밥을 만들어도 좋아요.

야채미니김초밥 도시락

야채미니김초밥+야채팝콘치킨

Ready

◎ **야채미니김초밥**
밥 2/3공기,
다진 브로콜리 2/3T,
다진 당근 2/3T,
다진 우엉 2/3T(조림 양념 :
진간장·아가베시럽 각각 1/4T),
밥양념(단촛물 : 식초 1/2T,
유기농설탕 1/2T, 소금 약간),
김 1장

◎ **야채팝콘치킨**
닭가슴살 1/2쪽, 당근 10g,
양파 15g, 피망 5g, 생빵가루 1T,
유기농설탕·
올리브기름 각각1/4T,
파슬리가루·마늘·소금·
후추 약간씩

Recipe

● 야채미니김초밥

수분이 모두 없어질 때까지 섞어요.

1 잘게 다진 당근을 기름을 살짝 두른 팬에 볶아요. 브로콜리는 소금물에 살짝 데친 뒤 잎 부분만 다져 준비해요.

2 다진 우엉은 식초물에 잠깐 담가두었다가 물기를 빼서 기름 두른 팬에 약간 볶다가 진간장과 아가베시럽을 조금 넣고 조려요.

3 단촛물 재료를 냄비에 넣고 유기농 설탕이 녹을 때까지 끓여 뜨거운 밥에 섞어 입바람을 불어가며 고루 섞어요.

● 야채팝콘치킨

블렌더가 없으면 칼로 다져요.

4 단촛물을 섞은 밥에 1과 2를 넣고 잘 섞어요.

5 김의 거친 부분이 위로 오도록 김발에 놓고 4의 밥을 얇게 깔아 만 뒤 먹기 좋은 크기로 썰어 도시락에 담아요.

6 블렌더에 닭가슴살을 넣고 거칠게 갈아요.

7 6에 당근, 피망, 양파를 넣어 거칠게 갈고, 나머지 양념 재료를 넣고 잘 섞어 반죽을 만들어요.

8 160도 정도의 튀김기름에 팝콘치킨 반죽을 숟가락으로 조금씩 떠 넣어 약간 노릇할 정도로만 튀깁니다.

Tip ××××××××××××××××××
야채를 듬뿍 넣어 만든 팝콘치킨은 야채를 싫어하는 아이들에게 좋은 도시락 메뉴예요. 머스터드소스를 소스통에 따로 담아 도시락과 곁들여 줘도 좋답니다. (소스는 30쪽 참고)

미니김밥 & 롤 도시락 10

오이롤초밥 도시락
오이롤초밥 + 수제어묵볶음

Ready

● 오이롤초밥
기장밥 1/2공기(단촛물 :
식초 1/2T, 유기농설탕 1/2T,
소금 약간), 김 1/2장,
오이 1/3개(소금 약간),
게맛살 20g,
유기농마요네즈 1/2T,
아가베시럽 1/4T,
머스터드 1/4T, 후추 약간

● 수제어묵볶음
흰살생선살 20g, 오징어 30g,
다진 당근 1/2T, 다진 쪽파 1/2T,
다진 양파 1/2T, 깻잎 1장,
달걀흰자 약간, 전분 1T, 후추·
마늘·참기름 약간씩
소스 진간장·유기농케첩·
아가베시럽 각각 1/5T, 물 1/3T

Recipe

오이롤초밥

1. 게맛살은 손으로 대충 찢어 기칠게 다진 뒤 유기농마요네즈·아가베시럽·머스터드·후추 약간을 뿌려 고루 버무려요.

2. 오이는 필러로 얇게 슬라이스한 뒤 소금을 살짝 뿌려둬요.

3. 단촛물 재료를 설탕이 녹을 정도로만 살짝 끓여 뜨거운 밥에 넣고 초밥을 만든 뒤 랩을 씌운 김발에 반으로 자른 김을 올리고 초밥을 펴 올려요.

4. 3을 뒤집어 1의 게맛살을 올리고 돌돌 말아요.

5. 필러로 얇게 민 오이를 나란히 겹쳐 가며 깔고 그 위에 4를 올려 돌돌 말아 먹기 좋은 크기로 잘라요.

수제어묵볶음

혹은 칼로 최대한 곱게 다집니다.

6. 흰살생선·오징어·전분을 믹서에 넣고 곱게 갈아요.

7. 6에 야채류를 곱게 다져 넣고 나머지 양념 재료를 넣어 반죽해요.

8. 150도 정도의 튀김기름에 어묵 반죽을 숟가락이나 젓가락으로 조금씩 떠 넣어 노릇하게 튀깁니다.

9. 팬에 소스 재료를 넣고 잠깐 바글바글 끓인 뒤 튀긴 어묵을 넣고 볶아요.

Tip ××××××××××××××××××××
어묵을 만들 때 새우를 넣어도 맛있어요. 이렇게 만들어 어묵국을 끓여줘도 좋지요.

미니김밥&롤 도시락 11

오징어김밥 도시락
오징어김밥+야채토스트

Ready

🟠 **오징어김밥**
기장밥 2/3공기(다진 피망 1/2T, 소금 약간), 올리브기름 약간
오징어볶음 오징어다리 30g, 진간장 1/4T, 고춧가루 1/5T, 고추장 1/4T, 아가베시럽 1/3T, 물 1T, 참기름 1/5T, 쪽파 1/2T, 다진 마늘·통깨 약간씩

🟠 **야채토스트**
식빵 1쪽, 달걀 1개, 우유 1T, 유기농설탕 1/4T, 양파 10g, 당근 5g, 소금·
파슬리가루 약간씩

Recipe

🟠 **오징어김밥**

1 오징어는 다리 부분만 준비해 잘게 자르고 통깨와 쪽파를 제외한 분량의 양념 재료를 모두 버무려 잠시 재워둬요.

2 팬에 기름을 약간 두르고 양념에 재운 오징어를 볶다가 오징어가 부드럽게 익으면 통깨와 송송 썬 쪽파를 넣어 잠깐 더 볶아 접시에 덜어 식혀요.

3 올리브기름을 조금 두른 팬에 밥과 다진 피망을 넣어 살짝 볶습니다.

4 김발 위에 김의 거친 부분이 위로 올라오도록 놓은 뒤 완전히 식힌 밥을 얇게 펴 올려요.

5 볶아놓은 오징어를 밥 위에 나란히 올리고 돌돌말아 요리 붓으로 김밥에 참기름을 얇게 덧바른 뒤 먹기 좋은 크기로 잘라 도시락에 담아요.

🟠 **야채토스트**

6 당근과 양파를 잘게 채 썬 뒤 너무 길지 않도록 2~3등분합니다.

7 나머지 재료를 모두 넣고 고루 섞어 빵에 입힐 달걀물을 만들어요.

8 식빵은 4등분한 뒤 다시 대각선으로 잘라 8등분을 해요.

9 야채를 넣은 달걀물에 적신 식빵을 기름 두른 팬에 넣고 달걀물이 묻은 면을 뒤집어가며 고루 익혀요.

Tip ××
토스트는 약한 불에서 구워야 타지 않고 속까지 스며든 달걀물이 충분히 익어요. 김밥에 들어가는 오징어를 볶을 때는 오징어가 질겨지지 않도록 너무 오래 볶지 않는 것이 중요해요. 오징어볶음에 적은 양이지만 고추장과 고춧가루가 들어가기 때문에 아이가 약간 매워할 수 있는데 이때 토스트를 먹으면 매운맛이 가신답니다.

우엉소고기김밥 도시락
우엉소고기김밥+애호박전+블루베리잼샌드위치

Ready

우엉소고기김밥
기장밥 2/3공기, 다진 우엉 1T,
소고기다짐육 1.5T(양념 : 진간장·
아가베시럽 1/3T, 다진 마늘·
생강즙·후추·참기름 약간씩)
검은깨 1/3T, 소금 약간, 김 1장

애호박전
애호박 1/5개(절임 : 소금 약간),
쌀가루 1/3T, 달걀 1/2개,
파슬리가루 약간

블루베리잼샌드위치
식빵 1장, 블루베리잼 1.5T

Recipe

🟠 우엉소고기김밥

1 우엉은 껍질을 벗기고 잘게 다져 식초물에 잠깐 담가두었다가 기름을 두른 팬에 넣어 투명해지도록 볶아요.

2 1에 소고기다짐육을 넣어 함께 볶은 다음 양념 재료를 모두 넣고 볶아요.

3 기장밥에 2와 검은깨를 넣고 고루 섞은 다음 간이 부족하면 소금을 약간 더합니다.

🟠 애호박전

4 김의 거친 면이 위로 올라오도록 김발 위에 놓은 다음 3의 밥을 펴 올리고 돌돌 말아 먹기 좋은 크기로 썰어 도시락에 담아요.

5 애호박은 0.4cm 정도 슬라이스한 다음 소금을 약간 뿌려 절이고 물이 나오면 깨끗한 마른 행주나 키친타월로 물기를 없애요.

6 위생봉지에 쌀가루와 절인 애호박을 넣고 쌀가루를 입혀요.

🟠 블루베리잼샌드위치

7 쌀가루 입힌 애호박은 파슬리가루를 넣어 만든 달걀물을 입힌 뒤 기름 두른 팬에 노릇하게 지져요.

8 식빵 1장을 반으로 잘라 한쪽에만 블루베리잼을 올린 다음 나머지 식빵을 덮어 살짝 눌러준 뒤 2~3등분하여 도시락에 담아요.

Tip ××××××××××××××××××××
우엉소고기김밥은 재료 그대로 하여 주먹밥으로 만들어도 괜찮아요. 애호박전은 너무 익으면 물러지니 약간 덜 익은 상태에서 꺼내 잔열로 마저 익혀요.

미니김밥&롤 도시락 13

잔멸치호두김밥 도시락
잔멸치호두김밥+고구마당근맛탕+브로콜리&치즈떡꼬치

Ready

◉ 잔멸치호두김밥
밥 2/3공기(참기름 약간),
잔멸치 2T, 다진 아몬드 1T,
아가베시럽 1/3T, 고추장 약간,
물 1/2T, 통깨 1/3T

◉ 고구마당근맛탕
고구마 30g, 당근 20g,
시럽(설탕 1/2T, 조청 1/3T,
물 1/2T)

◉ 브로콜리&치즈떡꼬치
데친 브로콜리 10g,
조랭이떡 8개, 아가베시럽 1/3T,
슬라이스치즈 1/2장, 소금·
참기름 약간씩

Recipe

🟠 잔멸치호두김밥

1 잔멸치는 기름을 두르지 않은 팬에 넣어 비린내가 날아가도록 살짝 볶아 덜어내요.

2 아가베시럽·고추장·물을 넣고 바글바글 끓인 뒤 볶아 놓은 멸치와 다진 아몬드, 통깨를 넣고 고루 버무려요.

3 밥에 참기름을 약간 넣고 골고루 섞어요.

🟢 고구마당근맛탕

4 김발에 김의 거친 면이 위로 올라오도록 놓은 뒤 밥을 얇게 펴 올리고 2의 잔멸치호두볶음을 올려 돌돌 말아 먹기 좋게 썰어 도시락에 담아요.

5 고구마와 당근을 약간 도톰하게 썰어 150~160도의 튀김기름에 넣어 속이 완전히 익을 때까지 튀겨내요.

6 팬에 분량의 시럽 재료를 넣어 젓지 않은 상태로 바글바글 끓이다 약간 걸쭉해지면 튀긴 고구마와 당근을 넣어 고루 버무립니다.

🟠 브로콜리&치즈떡꼬치

7 브로콜리와 떡을 끓는 물에 살짝 데쳐 내 찬물에 바로 헹궈 물기를 제거해요.

8 데친 브로콜리와 떡에 아가베시럽과 참기름, 소금 약간을 넣어 버무려요.

9 브로콜리와 떡을 꼬치에 끼우고, 슬라이스치즈를 얇게 잘라 위에 얹은 뒤 180도의 오븐에 넣어 치즈를 녹입니다.

Tip ×××××××××××××××××××××
멸치는 짠맛이 강하므로 밥에 따로 소금간을 하지 않아야 김밥이 짜지 않아요.

미니김밥&롤 도시락 14

참치김밥 도시락
참치김밥+미니오코노미야끼

Ready

● **참치김밥**
밥 2/3공기(참기름·
검은깨 각각 1/3T씩),
참치(캔) 1T
(유기농마요네즈 2/3T,
후추 약간), 깻잎 2장, 당근 20g,
무초절임(무 30g, 식초 1/3T,
설탕 1/3T, 소금 약간)

● **미니오코노미야끼**
양배추 25g, 베이컨 1줄,
새우살 10g, 양파 20g, 당근 5g,
메추리알 2개, 밀가루 2T, 물 5T
고명 재료 가쓰오부시·
유기농마요네즈·돈까스소스·
파슬리가루 조금씩

Recipe

🍊 참치김밥

1. 무는 얇게 채 썰어 분량의 절임 재료를 모두 넣고 조물조물해서 잠시 재워둡니다.
2. 당근은 채 썬 뒤 기름을 살짝 두른 팬에 넣어 약한 불에서 볶아요.
3. 참치는 기름기를 빼서 유기농마요네즈와 후추를 약간 넣어 버무려둡니다.

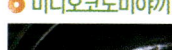
🍊 미니오코노미야끼

4. 밥에 참기름과 검은깨를 넣고 골고루 버무려요.
5. 김발 위에 김의 거친 면이 위로 올라오도록 놓고 4의 밥을 얇게 펴 올린 뒤 깻잎을 1/2~1/3등분하여 나란히 올리고 2~3을 올려 돌돌 말아 먹기 좋은 크기로 썰어 도시락에 담아요.
6. 베이컨은 얇게 채 썰어 기름을 두르지 않은 팬에 볶아서 기름기를 없앱니다.

7. 양배추와 양파, 당근은 얇게 채 썰고, 새우살은 잘게 다져 볶아 놓은 베이컨과 섞어요. 여기에 밀가루와 물을 따로 섞어 잘 푼 뒤 메추리알을 넣고 고루 버무려요.
8. 팬에 기름을 적당히 두르고 한 숟가락씩 떠 넣어 도톰하게 전을 부칩니다.
9. 노릇하게 부쳐 낸 전은 한 김 식힌 뒤 가쓰오부시를 잘게 부셔 얹고, 유기농마요네즈와 돈까스소스를 살짝 뿌린 다음 파슬리가루를 뿌려 완성해요.

Tip ××
오코노미야끼는 일본식 부침개로 아무 재료나 넣고 부치는 요리예요. 양배추는 꼭 들어가는 재료 중 하나인데 양배추의 달달한 맛과 재료의 맛이 잘 어우러져 좋은 맛을 내줍니다. 도시락뿐 아니라 평소 간식으로도 좋은 메뉴예요. 참치김밥은 자칫 참치의 비린 맛 때문에 아이가 꺼려할 수 있으니 깻잎과 함께 김밥을 만들어주면 좋아요. 김밥에 무심코 넣게 되는 단무지 대신 집에서 즉석으로 만들 수 있는 무초절임을 넣어보세요. 짜지 않고 훨씬 깔끔한 김밥이 된답니다.

충무김밥 도시락
충무김밥+오징어볶음+유아깍두기

Ready

◎ **충무김밥**
보리수수밥(쌀 2/3컵, 찰보리+
수수 1/3컵, 물 1컵) 2/3공기,
김 1장, 소금·참기름·
통깨 약간씩

◎ **오징어볶음**
오징어 40g, 양파 15g, 당근 5g,
다진 마늘 1/4T, 송송 썬 쪽파 1/2T,
유기농케첩 1/4T, 진간장 1/4T,
고추장 1/5T, 아가베시럽 1/4T,
물 1T, 참기름·생강즙 약간씩,
검은깨 조금

◎ **유아깍두기**
무 200g(천일염 1/5T),
빨간색 파프리카 35g, 양파 5g,
마늘 2개, 생강 1g, 새우젓 1/3T,
고춧가루 1/4T, 통깨 1/3T,
송송 썬 쪽파 1T, 찹쌀풀 1T

Recipe

● 충무김밥

1 보리와 수수를 함께 넣어 지은 밥에 소금과 참기름·통깨를 약간 넣고 섞어줍니다.

2 김 1장을 반으로 잘라요. 1의 양념한 밥을 반으로 나누어 자른 김에 각각 펴 올려 김발을 이용해 단단히 말아요.

3 요리용 붓을 이용하여 김밥에 참기름을 덧바르고 위에 통깨를 솔솔 뿌린 뒤 1.5cm 길이로 잘라 도시락에 담아요.

● 오징어볶음

● 유아깍두기

4 오징어는 껍질을 벗겨 몸통 부분은 안쪽에 칼집을 잘게 넣고, 다리는 빨판에 있는 가시를 긁어 제거한 뒤 먹기 좋은 크기로 잘라요. 양파와 당근은 가늘게 채 썰어 참기름과 통깨, 쪽파를 제외한 양념 재료를 넣고 버무려 재워요.

5 4의 양념한 오징어를 기름을 약간 두른 팬에 넣고 볶은 뒤 오징어가 다 익으면 참기름·통깨·쪽파를 넣고 쪽파가 익을 정도로만 잠깐 더 익힌 뒤 식혀요.

6 무는 사방 1cm 정도로 깍둑 썰어 천일염을 살짝 뿌려 15~20분 절여요. 절인 무는 찬물에 살짝 헹군 뒤 물기를 빼두어요.

7 통깨와 쪽파를 제외한 재료를 믹서에 넣고 김치 양념을 만들어요.

8 절여 놓은 무에 7의 양념과 통깨, 송송 썬 쪽파를 넣고 버무려 김치를 완성해요.

Tip ××××××××××××××××××××
깍두기는 일주일 정도 전에 담가 새콤하게 익으면 더욱 맛있는 도시락을 싸줄 수 있지요. 아이에 따라 매콤한 정도를 조절해서 만들어주면 좋습니다. 아이가 매워한다면 달걀찜이나 달걀말이를 곁들여 담아주세요.

미니김밥&롤 도시락 16

현미라이스브리또 도시락
현미라이스브리또+연근볼조림

Ready

◉ 현미라이스브리또
현미밥 1/2공기,
토르티야 8인치짜리 1장,
닭안심 1쪽(밑간 : 다진 마늘·
소금·후추 약간씩),
노란색·빨간색 파프리카
각각 10g, 피망 10g,
옥수수 1T, 토마토퓨레 1T,
올리브기름 1T,
모차렐라치즈 1.5T,
소금·유기농설탕 약간씩

◉ 연근볼조림
연근 100g, 감자 전분 1T,
소금 약간, 진간장 1/3T,
아가베시럽 1/3T, 검은깨 약간

Recipe

🍊 **현미라이스브리또**

1. 닭안심은 힘줄을 제거한 뒤 칼로 다져 소금·후추·다진 마늘을 조금씩 넣어 밑간해요.

2. 팬에 올리브기름을 두르고 다진 마늘과 닭안심을 넣어 볶아요.

3. 2에 다진 파프리카와 다진 피망, 현미밥을 넣어 볶고, 옥수수와 토마토 퓨레를 넣어 수분이 모두 날아갈 때까지 볶은 뒤 마지막에 유기농설탕 약간과 소금을 넣어 간을 해요.

4. 크기가 작은 토르티야를 해동한 뒤 모차렐라치즈를 가운데에 깔고 그 위에 볶아놓은 밥을 얹은 뒤 감싸 말아줍니다.

5. 4의 브리또를 기름을 두르지 않은 팬에 올려 약한 불에서 타지 않게 노릇하게 구워줍니다.

🍊 **연근볼조림**

6. 연근은 껍질을 벗기고 도톰하게 잘라 식초물에 잠깐 담가두었다가 물 약간과 함께 믹서에 곱게 간 다음 체에 밭쳐 물기를 빼요.

7. 수분을 짜낸 연근에 감자 전분을 조금 섞어 조물조물해서 작은 볼을 만들어요.

8. 연근볼을 끓는 물에 넣어 7~8분 삶아요.

9. 삶은 연근에 진간장과 아가베시럽을 넣고 약한 불에서 윤기 나게 조린 뒤 검은깨를 뿌려 완성해요.

Tip ××
연근을 갈아 볼을 만들어 조리면 떡처럼 쫄깃쫄깃해 평소 연근을 잘 먹지 않던 아이들도 맛있게 먹을 수 있어요. 브리또에 닭고기 대신 소고기나 새우살, 참치 등을 넣고 만들어도 맛있어요. 적당한 크기로 잘라 튀겨낸 토르티야를 도시락에 함께 넣어줘도 좋아요.

미니김밥&롤 도시락 17

흑미오이게살롤 도시락
흑미오이게살롤+새우튀김

Ready

● **흑미오이게살롤**
흑미밥 2/3공기(소금·
참기름 약간씩), 김 1장,
오이 20g, 게맛살 15g
(유기농마요네즈 1/3T),
치즈 1/3장
흑미밥 쌀 1컵, 검은쌀 1~2T,
물 1컵+1~2T

● **새우튀김**
새우 5마리(소금·후추 약간씩)
튀김옷 쌀가루 1/2T,
달걀 1/2개+요리술 약간,
생빵가루 4T+파슬리가루 1/3T
소스 유기농마요네즈 1/2T,
머스터드·아가베시럽 각각 1/3T,
다진 오이·다진 피클 각각 1/3T,
후추 약간

Recipe

흑미오이게살롤

1. 흑미밥에 소금·참기름을 뿌려 고루 섞어요.

2. 오이는 4cm 길이로 자른 뒤 씨부분을 제외하고 돌려 깎아 얇게 채 썰고, 게맛살은 손으로 대충 찢어 유기농마요네즈에 버무려요.

3. 김에 1의 흑미밥을 올리고 치즈→오이→게맛살 순으로 올려 김밥을 말아 먹기 좋은 크기로 썰어 도시락에 담아요.

새우튀김

4. 새우는 꼬리 쪽에서 한 마디 정도만 남기고 껍질을 모두 벗겨내고 이쑤시개로 등 쪽에 있는 내장을 제거한 뒤 꼬리에 있는 물주머니를 없애요.

(기름에 들어가면 튈 수 있어요.)

5. 새우를 뒤집어 배 쪽에 칼집을 여러 군데 넣어 힘줄을 끊어 새우가 튀겨지면서 등이 굽지 않도록 합니다.

6. 손질한 새우에 소금과 후추를 약간 뿌려 밑간해요.

7. 밑간한 새우를 쌀가루→요리술 넣은 달걀물→파슬리가루 섞은 생빵가루 순으로 튀김옷을 입혀요.

8. 160도 정도의 튀김기름에 넣어 약간 노릇하게 튀겨지면 꺼낸 뒤 완전히 식혀 도시락에 담아요.

9. 분량의 소스 재료를 모두 넣고 저어 튀김소스를 만들어 소스통에 따로 담아줍니다.

Tip ××

새우는 너무 오래 튀기면 새우살이 질겨져서 맛이 없어요. 튀김옷 색이 약간 노릇해지면 바로 꺼내는 것이 좋아요. 새우튀김은 튀김옷을 입힌 상태로 냉동실에 보관해두고 먹을 수 있는데, 냉동실에 보관해둔 새우는 반쯤 해동되었을 때 튀겨야 겉은 바삭하고 속은 탱글탱글 맛있는 새우튀김이 된답니다.

PART 2
눈과 입으로 푸짐하게 먹을 수 있는
덮밥&볶음밥 도시락

“ 김밥이나 주먹밥을 싫어하는 아이들을 위한 도시락이에요.
매번 주먹밥이나 김밥 등으로 도시락을 싸주는 것도 재미없잖아요.
아이가 혼자서 밥을 능숙하게 먹을 수 있게 되면
이런 도시락에도 도전해보세요! ”

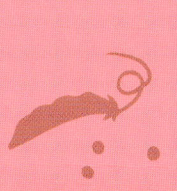

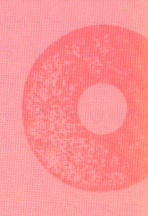

덮밥 & 볶음밥 도시락 01

꼬맹이차슈덮밥 도시락
꼬맹이차슈덮밥+양배추샐러드

Ready

◉ **꼬맹이차슈덮밥**
수수보리밥 2/3공기
(검은깨 1/3T, 참기름 약간)
차슈 구이용 삼겹살 40g,
물 50mL, 진간장 2/3T,
대파 5g, 마늘 1개,
통후추 2~3알, 생강 3g,
요리술 1/3T,
유기농흑설탕 1/2T, 양파 15g
양파초절임 양파 20g, 식초·
진간장·유기농흑설탕 1/3T

◉ **양배추샐러드**
양배추 20g, 당근 5g,
유기농마요네즈 1/3T,
유기농케첩 1/4T

Recipe

● 양배추샐러드

● 꼬맹이차슈덮밥

1 양배추와 당근을 가늘게 채 썰어 찬물에 담가두었다가 양배추가 아삭하게 살아나면 물에서 건져낸 뒤 체에 밭쳐 물기를 빼둬요.

2 양파는 가늘게 채 썰어 찬물에 담가두었다가 매운 기를 뺀 뒤 식초·진간장·설탕을 넣고 고루 섞어둬요.

3 삼겹살은 구이용으로 약간 도톰하게 잘라진 것을 준비해 뜨겁게 달궈진 팬에 앞뒤로 살짝 노릇할 정도로만 구운 뒤 꺼내고 팬에 묻은 기름기는 닦아내요.

4 팬에 어슷 썬 대파, 편 썰기 한 마늘과 생강, 채 썬 양파와 나머지 재료들을 넣고 한소끔 끓여요.

5 4에 구워놓은 삼겹살을 넣고 뚜껑을 덮은 뒤 불을 약하게 줄여 소스가 걸쭉해질 때까지 조려요. 중간에 맛이 다 우러난 향신 재료들은 걷어냅니다.

6 수수보리밥에 검은깨와 참기름을 뿌려 고슬고슬하게 섞어요.

7 도시락에 한 김 식힌 밥과 양배추를 담아요. 유기농마요네즈와 유기농케첩을 섞은 샐러드 소스는 양배추 중간에 짜 넣어둡니다.

8 밥 위에 양파 초절임을 얹고 그 위에 차슈를 한 입 크기로 썰어 가지런히 얹어요. 차슈를 조리고 남은 소스를 조금 뿌립니다.

> **Tip** 차슈는 일반적으로 삼겹살이나 목살 등 통고기를 한참 조려 만들지만 그렇게 하면 시간도 많이 걸릴뿐더러 기름기가 많아 느끼해 하더라고요. 통고기 대신 잘라진 고기로 만들면 시간도 20분이 채 안 걸리고, 느끼하지 않아 아이가 먹기 편한 차슈를 만들 수 있어요. 새콤한 양파초절임까지 더해 느끼함도 줄이고, 상큼하게 먹을 수 있도록 만들었습니다.

단호박치즈구이 &
콩나물낙지덮밥 도시락

단호박치즈구이 + 콩나물낙지덮밥

Ready

● **단호박치즈구이**
미니단호박 30g,
아가베시럽 1/3T,
모차렐라치즈 1T,
파슬리가루 약간

● **콩나물낙지덮밥**
완두콩밥 2/3공기, 낙지 40g,
양파 15g, 당근 5g, 애호박 8g,
노란색 파프리카 5g
완두콩밥 쌀 1컵, 완두콩 30g,
물 1컵
소스 진간장 1/3T, 케첩 1/3T,
고추장 1/4T, 아가베시럽 1/3T,
요리술 1/3T,
다진 마늘 · 다진파 · 생강즙 ·
참기름 약간씩
콩나물무침 콩나물 20g,
소금 · 참기름 · 다진 마늘 ·
통깨 · 쪽파 약간씩

Recipe

● 단호박치즈구이

● 콩나물낙지덮밥

1. 미니단호박은 껍질째 깨끗하게 씻어 반으로 가른 뒤 씨를 긁어내고 다시 3~4등분한 뒤 아가베시럽을 안쪽에 골고루 발라요.

2. 200도로 예열한 오븐에 단호박을 익혀 모차렐라치즈를 뿌린 뒤 치즈가 녹을 때까지 더 익힌 다음 꺼내 식혀요.

3. 소금을 약간 넣은 물에 콩나물을 넣고 비린내가 나지 않을 때까지 뚜껑을 닫고 삶은 뒤 물은 버리고 온기가 남아 있는 팬에 무침 재료를 넣고 콩나물을 무쳐요.

4. 낙지는 내장을 제거한 뒤 밀가루를 넣고 조물조물해서 찬물에 여러 번 헹군 다음 2cm 정도로 먹기 좋게 잘라요.

5. 양파는 채 썰고, 당근과 애호박은 반달썰기하거나 채 썰어 준비하고 파프리카는 씨를 제거한 뒤 채 썰어요.

6. 분량의 소스 재료를 모두 넣어 고루 섞어요.

7. 팬에 기름을 약간 두르고 양파·애호박·당근을 먼저 넣고 볶다가 나머지 재료와 소스를 넣어 낙지가 익을 정도로만 볶아요.

8. 밥에 따로 익힌 완두콩을 넣어 섞은 뒤 도시락에 담고 그 위에 콩나물무침을 올리고 낙지볶음을 얹어요. 한쪽에 단호박치즈구이를 올려 도시락을 완성해요.

> **Tip** ×
> 낙지는 살짝 볶아야 질기지 않고 쫄깃쫄깃 맛있어요. 볶을 때 물이 많이 생길 수 있으니 양념장에 물은 따로 넣지 않는 것이 좋아요. 단호박치즈구이는 오븐이 없으면 찜통에 찐 뒤 아가베시럽을 바르고 모차렐라치즈를 얹어 전자레인지에 살짝 돌리면 돼요.

덮밥 & 볶음밥 도시락 03

미트볼카레덮밥 도시락
미트볼카레덮밥+감자브로콜리수프

Ready

◉ **미트볼카레덮밥**
보리수수밥 2/3공기, 미트볼
(재료 : 다진 소고기 30g,
다진 돼지고기 30g,
다진 양파 1T, 생빵가루 1/2T,
메추리알 1개, 소금 · 후추 ·
파슬리가루 약간씩), 카레가루
1/2T, 물 3T, 양파 20g,
브로콜리 20g, 파슬리가루 약간

◉ **감자브로콜리수프**
감자브로콜리수프 감자 60g,
브로콜리 15g, 무염버터 1T,
우유 150mL,
슬라이스치즈 1/4장,
양파 30g, 마늘 1알,
파마산치즈 1.5T,
소금 · 흰 후추 약간씩

Recipe

🔴 미트볼카레덮밥

1. 미트볼 재료를 볼에 한꺼번에 넣고 한 덩어리로 뭉쳐 찰진 느낌이 들 때까지 치대요.

2. 완성된 미트볼 반죽을 조금씩 떼어내 지름 1.5cm 정도 크기의 미트볼을 만들어요. 이때 손바닥에 기름을 약간 바르면 손에 고기반죽이 묻지 않아 만들기 쉬워요.

3. 팬에 기름을 약간 두르고 미트볼을 넣어 굴려가며 노릇하게 익힌 뒤 따로 건져내고 팬에 묻은 기름기는 닦아내요.

4. 미트볼을 구웠던 팬에 다시 기름을 약간 두르고 잘게 썬 양파를 넣어 볶은 다음 카레가루와 물을 넣어 잠깐 끓인 뒤 미트볼과 데친 브로콜리를 넣고 더 끓입니다.

5. 도시락에 밥을 먼저 담고 그 위에 한 김 식힌 미트볼을 얹은 다음 마지막에 파슬리가루를 약간 뿌려요.

🔴 감자브로콜리수프

6. 감자는 깍둑 썰거나 채 썬 뒤 찬물에 잠시 담갔다가 건져내 채 썬 양파, 다진 마늘과 함께 버터를 녹인 팬에 넣고 볶습니다.

7. 감자가 어느 정도 익으면 믹서에 옮겨 담고 우유를 넣어 곱게 갈아요.

8. 7을 다시 팬에 옮겨 데친 브로콜리를 잘게 다져 넣고, 슬라이스치즈와 파마산치즈를 넣어 약한 불에서 뭉근히 끓이다 치즈가 다 녹으면 소금으로 간을 더하고 흰 후추를 조금 뿌려 마무리해요.

 Tip ××
평소 먹던 카레보다는 소스의 양을 줄이고 걸쭉하게 끓여야 도시락에 담기도 편하고 밥에 얹어도 덜 눅눅해요. 카레 대신 돈까스소스나 토마토소스에 버무려 덮밥을 만들어주어도 좋아요. 감자브로콜리수프는 한 김 식힌 뒤 용기에 따로 담아 넣어주세요.

버섯오므라이스덮밥 도시락

버섯오므라이스덮밥+바지락두부된장국

Ready

● **버섯오므라이스덮밥**

볶음밥 밥 1/2공기, 양파 1.5T, 데친 브로콜리 15g, 소금 약간
버섯볶음 양송이버섯 1/2개, 애느타리버섯 20g, 다진 마늘·참기름 약간씩
소스 진간장 1/3T, 우스터소스 1/3T, 아가베시럽 1/3T, 물 1T, 후추 약간
달걀지단 달걀 1개, 우유 1T, 유기농설탕 1/5T, 소금 약간
기타 재료 가쓰오부시·브로콜리 적당량

● **바지락두부된장국**

가쓰오부시국물 물 150mL, 다시마 1X2cm 사이즈 1장, 가쓰오부시 4g, 바지락 10개, 두부 30g, 미소(일본된장) 1/3T, 송송 썬 쪽파 1/2T

Recipe

● **버섯오므라이스덮밥**

1. 분량의 소스 재료를 팬에 넣어 바글바글 끓여 소스를 준비해요.
2. 애느타리버섯은 손으로 쪽쪽 찢고, 양송이는 모양을 살려 슬라이스한 뒤 기름 두른 팬에 다진 마늘과 함께 볶아요.
3. 버섯이 다 볶아지면 1의 소스를 조금 넣어 버무려요.

4. 팬에 기름을 조금 두르고 양파를 볶다 밥과 데친 브로콜리를 넣고 더 볶은 뒤 소금간을 약하게 해요. 다 볶아지면 따로 덜어놓아요.
5. 달걀지단 재료를 한데 섞어 잘 풀어 기름을 약간 두른 팬에 익힌 뒤 볶아둔 밥을 얹어 감싸서 도시락에 담아요.
6. 오믈렛 위에 버섯볶음을 얹고. 가쓰오부시를 살짝 뿌린 뒤 1의 나머지 소스와 유기농마요네즈를 조금씩 덧뿌려요. 빈 공간에 방울토마토나 데친 브로콜리를 넣어요.

● **바지락두부된장국**

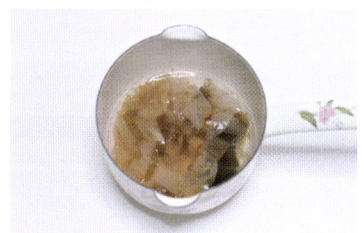  

7. 다시마를 넣은 물이 끓기 시작하면 5분 정도 더 끓인 뒤 불을 끄고 가쓰오부시를 넣어 5분 동안 우려낸 다음 건더기는 걸러내요.
8. 7의 맛국물에 해감한 바지락을 넣고 끓여 바지락이 입을 벌리면 건져내 살만 발라요.
9. 두부를 사방 1cm 정도로 잘라 국물에 넣어 1~2분 끓입니다.

10. 채망을 이용해 미소를 곱게 풀어 넣고 송송 썬 쪽파를 넣은 뒤 잠깐 끓이다 바로 불을 꺼요.
11. 먹기 좋게 식혀서 보온통에 담아요.

Tip ××××××××××××××××××
소스를 덧뿌리기 때문에 볶음밥의 간은 아주 약하게 하는 게 좋아요. 아이가 평소에 브로콜리를 잘 먹지 않는다면 잘게 다져 넣고 볶음밥을 만들어주세요. 미소는 우리나라 된장과 달리 처음부터 넣고 끓이면 텁텁하고 쓴맛이 우러나니 마지막에 넣어야 해요.

덮밥 & 볶음밥 도시락 05

비빔밥 도시락
비빔밥+파프리카오이냉국

Ready

● **비빔밥**
밥 2/3공기
(참기름 약간, 검은깨 1/3T),
당근 8g(소금 약간),
애호박 10g(소금 약간),
표고버섯 1개(소금 약간),
메추리알 1개,
감자 20g(마늘·소금 약간씩),
치커리잎 조금
양념장 진간장 1/2T, 생김 1/4장,
물 1/2T, 통깨 1/4T,
참기름·다진 마늘 약간

● **파프리카오이냉국**
오이 15g, 노란색·빨간색
파프리카 각각 5g씩, 배 15g
냉국물 오미자물 100mL
(물 100mL, 오미자 3g),
식초 1/2T, 유기농설탕 2/3T,
소금 약간

Recipe
● 비빔밥

1. 감자는 얇게 채 썰어 찬물에 씻어 전분기를 없앤 뒤 기름을 두른 팬에 채 썬 마늘과 함께 볶아 소금간을 약간 해요.

2. 애호박은 채 썰어 소금을 뿌려 살짝 절인 뒤 키친타월로 물기를 없애고 기름 두른 팬에 볶아요.

3. 표고버섯은 기둥을 떼어내고 모양을 살려 슬라이스한 뒤 기름 두른 팬에 볶아 소금간을 약하게 해요.

4. 당근은 채 썰어 기름 두른 팬에 살짝 볶아 소금간을 약하게 해요.

5. 밥에 검은깨와 참기름을 조금 넣어 섞어요.

6. 도시락에 밥을 먼저 담고 그 위에 1~4를 가지런히 담은 뒤 치커리는 잎만 손으로 떼어내 담고 마지막으로 메추리알을 프라이해서 얹어요.

7. 생김은 살짝 구운 뒤(아니면 김밥용 구이김) 손으로 잘게 부숴 분량의 양념장 재료를 모두 넣고 섞어 양념장을 만들어 소스통에 따로 담아줍니다.

● 파프리카오이냉국

8. 끓여서 식힌 물에 오미자를 넣고 우려내요(하루 전날 해놓는 게 좋아요).

9. 파프리카는 씨를 제거한 뒤 짧은 길이로 채 썰고, 오이는 작게 자르고, 배는 모양틀로 모양을 내 잘라요.

10. 오미자물에 냉국물 재료를 넣어 맛을 낸 다음 9의 재료에 부어줍니다. 작은 물병이나 밀폐용기에 담아요.

> **TIP** ××
> 엄마, 아빠 나들이 도시락을 쌀 때 비빔밥 자주 이용하게 되지요? 그럴 때 아직 매운맛에 익숙지 않은 아이를 위해 담백한 비빔밥 도시락을 싸서 함께 나들이를 가보세요. 양념장은 도시락을 먹을 때쯤이면 김이 녹아 양념장 재료들과 어우러져 한층 더 맛있어져요. 아이가 약간 매운 음식을 먹을 줄 안다면 심심하게 무친 무채를 함께 담아도 좋습니다.

연어양상추볶음밥 도시락

연어양상추볶음밥 + 순감자크로켓

Ready

● **연어양상추볶음밥**
밥 2/3공기,
연어 30g(소금·후추 약간),
다진 양파 1.5T,
다진 파프리카 1T,
올리브기름 1/2T, 소금 약간,
장식용 김 약간

● **순감자크로켓**
삶은 감자 50g, 무염버터 3g,
소금 약간
튀김옷 쌀가루 1/2T, 달걀 1/3개,
생빵가루 2T, 검은깨 1/3T

Recipe

연어양상추볶음밥

1 연어는 소금과 후추를 약간 뿌려 뜨겁게 달군 팬에 기름을 살짝 두르고 구운 뒤 쪽쪽 찢어요.

2 깨끗한 팬에 기름을 조금 두르고 다진 양파를 넣고 볶다가 밥을 넣어 볶아요.

3 2에 구운 연어와 파프리카를 다져 넣고 살짝 볶아요.

4 불을 끄고 양상추를 손으로 대충 찢어 넣고 소금을 약간 뿌린 뒤 서너번 뒤적여 섞어요.

순감자크로켓

5 감자를 삶아 뜨거울 때 껍질을 벗겨내고 포크로 으깬 뒤 버터 약간과 소금을 넣고 섞어요.

6 5의 감자를 2×1cm 정도 크기로 모양을 빚어요.

7 쌀가루→달걀물 순으로 튀김옷을 입히고 생빵가루와 검은깨를 섞어 마저 튀김옷을 입혀요.

8 150~160도의 튀김기름에 감자크로켓을 넣어 튀김옷이 노릇해질 정도만 튀겨내요.

Tip 아이가 비린 맛 때문에 연어를 꺼릴 경우 양파초절임을 만들어 같이 주면 제법 잘 먹어요. 감자크로켓은 넉넉히 만들어 냉동실에 넣어두고 필요할 때마다 사용하면 좋은데, 만들어서 바로 튀긴 크로켓보다 냉동실에서 꺼낸 뒤 약간 해동해 튀겨낸 크로켓이 포근포근한 식감도 좋고 더 바삭하니 맛있어요.

오리훈제&단호박볶음밥 도시락

오리훈제&단호박볶음밥 + 호박고구마샐러드

Ready

● 오리훈제&단호박볶음밥
밥 2/3공기, 오리훈제 40g,
채 썬 단호박 15g,
다진 양파 15g, 부추 7g,
검은깨 1/4T,
올리브기름 1/2T,
소금·참기름 약간씩

● 호박고구마샐러드
호박고구마 삶은 것 50g,
피스타치오·건크렌베리 1/2T,
유기농마요네즈 1/2T

Recipe

● 오리훈제&단호박볶음밥

1. 오리훈제는 채 썬 뒤 기름을 두르지 않은 팬에 넣고 구워내 키친타월에 올려두어요. 팬에 생긴 기름기는 닦아냅니다.

2. 팬에 올리브기름을 조금 두르고 채 썬 단호박과 다진 양파를 넣고 잘 볶아요.

3. 2에 밥을 넣고 볶아요.

4. 3에 미리 구워둔 오리훈제와 잘게 썬 부추, 검은깨를 넣어 살짝 볶고 소금과 참기름을 넣어 한두 번 뒤적인 뒤 마무리해요.

● 호박고구마샐러드

5. 삶은 호박고구마를 포크로 대강 으깨요. 으깬 고구마에 나머지 재료를 모두 넣어 섞어요.

6. 유산지컵에 고구마샐러드를 따로 담아 도시락에 넣고 한 김 식힌 볶음밥을 담아줍니다.

Tip

달콤한 단호박과 오리훈제는 패나 잘 어울리는 짝꿍이에요. 이 둘을 함께 넣고 볶으면 달콤하고 고소한 맛이 잘 어우러져서 맛있더라고요. 오리훈제로 볶음밥을 할 때는 항상 부추를 넣는데 이렇게 하면 오리의 잡냄새가 많이 나지 않아요. 고구마샐러드를 만들 땐 퍽퍽한 밤고구마나 질척한 물고구마보다는 수분이 적당하고 단맛도 강한 호박고구마를 사용하면 좋아요.

_{덮밥 & 볶음밥 도시락 08}

오징어마파두부덮밥 도시락
오징어마파두부덮밥+달걀쪽파국

Ready

🔸 **오징어마파두부덮밥**
밥 2/3공기, 오징어 20g,
두부 30g,
양파·당근·애호박 10g씩,
쪽파 1/2T, 다진 마늘 각각 1/4T,
녹말물 1/3T(전분과 물을 1:1로
섞은 것), 깻잎 2장
양념장 진간장 1/2T,
유기농케첩 1/3T,
아가베시럽 1/4T, 물 3T,
생강즙·참기름·
고춧가루 약간씩

🔸 **달걀쪽파국**
멸치다시마국물
(물 150mL, 멸치 3~4마리,
다시마 1X2cm 1장, 마늘 1개),
달걀 1/2개(우유 1/2T),
쪽파 2대, 국간장·소금 약간씩

Recipe

● 오징어마파두부덮밥

1. 오징어는 굵은 소금을 손에 묻혀가며 껍질을 벗긴 뒤 깨끗하게 손질하여 먹기 좋은 크기로 썰고, 두부는 사방 1cm로 잘라 준비해요.

2. 팬에 기름을 약간 두르고 다진 마늘을 넣어 볶다가 오징어와 야채를 넣고 잠깐 볶아요.

3. 양념장 재료를 모두 섞어 2에 넣고, 두부와 쪽파도 함께 넣어 1~2분 끓입니다.

4. 녹말물을 약간만 넣어 국물이 걸쭉한 느낌이 나도록 살짝 조려요.

5. 깻잎을 씻어 물기를 털어내고 잘게 채 썬 뒤 밥에 얹고, 한 김 식힌 오징어마파두부를 얹어 도시락을 완성해요.

● 달걀쪽파국

6. 다시 재료를 넣고 5~8분 끓여 건더기는 걸러내고 맑은 국물만 받아 멸치다시마국물을 만들어요. 달걀에 우유를 약간 넣어 잘 풀어요.

7. 멸치다시마국물에 국간장을 약간만 넣고 끓이다 팔팔 끓기 시작하면 6의 달걀물을 넣고, 달걀이 다 익어 위로 떠오르면 쪽파를 송송 썰어 넣고 소금으로 간을 맞춰요.

8. 국은 먹기 좋게 식힌 뒤 보온통에 담아요.

Tip
오징어는 껍질을 벗긴 뒤 칼집을 넣어야 양념이 잘 배고 아이가 씹을 때 편해요. 녹말물은 마지막 단계에서 소스가 끓을 때 넣어야 윤기 나고 걸쭉해져요. 도시락에 국을 곁들일 때는 너무 뜨겁지 않도록 한 김 식혀서 담는 게 좋아요. 부모와 같이 소풍가는 거라면 국물을 함께 담아 도시락을 싸고, 그렇지 않을 때에는 달걀말이나 유아김치 등을 함께 담아 도시락을 싸보세요.

덮밥&볶음밥 도시락 09

왕새우소금구이 & 그린빈달걀볶음밥 도시락

왕새우소금구이 + 그린빈달걀볶음밥 + 애플시나몬롤

Ready

● 왕새우소금구이
왕새우 1마리, 천일염 한 줌
소스 올리브기름 1/2T, 레몬즙 1/3T, 소금·후추 약간씩

● 그린빈달걀볶음밥
밥 2/3공기, 그린빈 3개, 달걀 1/2개(우유 1/2T, 소금 약간), 무염버터 2g, 양파 10g, 후추·레몬즙·소금 약간씩

● 애플시나몬롤
춘권피 2장, 시나몬애플잼(12쪽 참조) 2T

Recipe

● **왕새우소금구이**

1. 새우등 두 번째 마디에 이쑤시개나 꼬치 등을 찔러 넣은 뒤 위로 올려 따라나오는 새우의 내장을 제거해요.

2. 팬에 종이포일이나 일반 포일을 깔고 천일염을 듬뿍 올린 뒤 손질한 새우를 올려 전체적으로 붉은 빛이 돌 때까지 구워줍니다.

3. 손질한 새우는 먹기 좋은 크기로 자른 뒤 분량의 소스 재료에 버무려 준비해요.

● **그린빈달걀볶음밥**

4. 달걀에 우유와 소금을 약간 넣고 잘 푼 뒤 기름 두른 팬에 넣어 젓가락으로 휘휘 저어가며 익혀 스크램블을 만들어 그릇에 담아요.

5. 버터를 약간 두른 팬에 다진 양파를 넣고 볶다 밥을 넣어 볶은 다음 데친 그린빈을 잘게 썰어 넣고 스크램블도 넣어 함께 볶아요.

6. 소금간을 한 뒤 후추와 레몬즙을 살짝 뿌려 볶음밥을 완성해 한 김 식혀 도시락에 담아요.

● **애플시나몬롤**

7. 춘권피를 바르게 편 뒤 한쪽에 애플시나몬잼을 올려 돌돌 말아요. 끝부분에 달걀흰자를 약간 바르면 춘권피가 잘 붙어요.

8. 160~170도의 튀김기름에 애플시나몬롤을 넣어 젓가락으로 굴려가며 전체적으로 연한 갈색이 돌 때까지 튀긴 뒤 키친타월에 올려 기름기를 빼고 도시락에 담아요.

Tip ××××××××××××××××××××

다른 볶음밥과 달리 이 볶음밥은 버터를 넣고 볶아야 맛이 있더라고요. 버터를 넣고 밥을 볶을 때는 마지막에 신선한 레몬즙을 살짝 뿌리면 느끼함도 사라지고 상큼한 레몬향이 은은하게 퍼져 더욱 맛있는 볶음밥이 됩니다. 새우는 뚜껑을 덮으면 좀 더 빨리 익힐 수 있어요. 상큼한 애플잼이 들어간 시나몬롤은 아이들이 손으로 들고 먹기에도 좋아 인기만점이랍니다.

덮밥 & 볶음밥 도시락 10

우엉데리야끼치킨덮밥 도시락
우엉데리야끼치킨덮밥+채소스틱

Ready

● **우엉데리야끼치킨덮밥**
밥 2/3공기, 닭다리살 1개,
전분 1/2T,
우엉·데친 브로콜리·
당근 10g씩
소스 진간장 2/3T,
아가베시럽 1/3T,
요리술 1/4T, 물 1/2T,
생강즙·다진 마늘·
후추 약간씩
기타 재료
대파 흰 부분 3cm 정도,
메추리알 1개, 가쓰오부시

● **채소스틱**
당근·오이·고구마 30g씩
소스 플레인요거트 1T,
크림치즈 1/2T

Recipe

● 우엉데리야끼치킨덮밥

1. 분량의 소스 재료를 모두 섞어 양념장을 만들어요.

2. 닭다리살은 껍질과 지방을 제거하고 먹기 좋은 크기로 썰어 전분을 입힌 뒤 기름 두른 팬에 노릇하게 볶아요.

3. 우엉은 껍질을 벗겨낸 뒤 연필 깎듯이 썰어 찬물에 잠깐 담가두었다가 닭고기와 함께 볶고, 당근도 먹기 좋은 크기로 썰어 함께 볶아요.

4. 3에 1의 소스와 데친 브로콜리를 넣고 닭고기에 양념이 밸 정도로만 잠깐 볶아요.

5. 대파 흰 부분을 가늘게 채 썰어 찬물에 담가 매운맛과 비린 맛 등을 없앤 뒤 건져내 키친타월이나 마른 행주로 물기를 제거해요.

6. 밥에 5의 채 썬 대파를 얹고 데리야끼치킨을 올린 다음 삶은 메추리알과 가쓰오부시를 조금 얹어요.

● 채소스틱

7. 당근·오이·고구마를 스틱처럼 잘라 당근과 고구마는 끓는 물에 살짝 데친 뒤 찬물에 헹구어 담아요.

8. 플레인요거트와 크림치즈를 섞어 채소스틱을 찍어 먹을 소스를 만들어 소스통에 따로 담아요.

> **Tip**
> 집에서 먹일 때는 소스를 묽게 끓여 밥에 뿌려도 좋지만 도시락에 담을 때는 물기가 거의 없을 정도로 조리해 담는 게 좋아요. 당근과 고구마는 단단해서 아이가 생으로 먹기에는 다소 부담스러우니 뜨거운 물에 살짝 익혀 부드럽게 만들어 넣어주어요.

유자청케첩새우덮밥 도시락

유자청케첩새우덮밥＋오이볶음＋파마산치즈감자샐러드

Ready

◉ **유자청케첩새우덮밥**
잡곡밥 2/3공기,
칵테일새우 작은 것 7~8마리
소스 유기농케첩 1/2T,
유자청 1/3T, 우스터소스 1/4T,
아가베시럽 1/4T, 물 1T

◉ **오이볶음**
오이 30g(소금 약간),
다진 마늘·참기름·통깨
약간씩

◉ **파마산치즈감자샐러드**
감자 50g(물 1컵,
유기농설탕 1T, 소금 1/4T),
올리브기름 1/3T,
파마산치즈 1/3T,
파슬리가루 약간

Recipe

● 파마산치즈감자샐러드

1. 감자는 물에 설탕과 소금을 넣어 삶은 뒤 껍질을 벗겨 먹기 좋은 크기로 잘라 나머지 재료를 넣고 고루 버무려요.

● 오이볶음

2. 오이를 2mm 정도 두께로 모양을 살려 슬라이스해 소금을 약간 뿌려 절인 뒤 물기를 꼭 짜서 준비해요.

3. 팬에 참기름을 약간 두르고 절인 오이와 다진 마늘을 넣어 볶다가 통깨를 뿌려 완성해요.

● 유자청케첩새우덮밥

4. 칵테일새우는 뜨거운 물에 살짝 데쳐 준비해요.

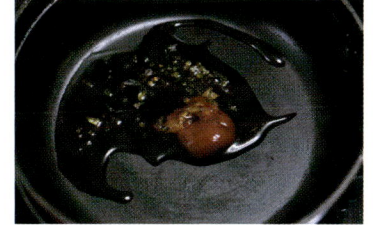

5. 팬에 다진 유자청과 분량의 소스 재료를 모두 넣고 전체적으로 거품이 일 정도로 잠깐 끓여요.

6. 5에 데쳐놓은 칵테일새우를 넣고 고루 버무려요.

7. 도시락에 잡곡밥을 먼저 담고 감자샐러드와 오이볶음을 담은 뒤 마지막에 새우볶음을 얹어 도시락을 완성해요.

Tip ××××××××××××××××××××
유자청은 곱게 다지거나 믹서로 갈아서 사용하면 거부감이 없어서 좋아요. 잡곡밥 대신 달걀볶음밥이나 야채볶음밥을 담아주면 보기에도 좋고 더 맛있는 도시락이 된답니다.

제육볶음덮밥 도시락

제육볶음덮밥 + 심플달걀말이

Ready

◉ **제육볶음덮밥**
밥 2/3공기
(참기름 약간, 검은깨 1/3T),
돼지고기 40g,
양파·애호박 10g씩, 당근 5g,
대파나 쪽파 약간씩
양념장 진간장 1/3T,
고추장 1/6T, 아가베시럽 1/3T,
물 1/2T, 참기름·다진 마늘·
생강즙·후추 약간씩
기타 재료
치커리잎·대파 흰 부분 조금씩

◉ **심플달걀말이**
달걀 1개, 물 1/2T, 우유 1/2T,
소금 약간

Recipe

● 심플달걀말이　　　　　　　　　　　　　　　　　● 제육볶음덮밥

1 달걀에 분량의 재료를 모두 넣고 잘 저어 풀어요.

2 팬에 기름을 약간 두르고 열이 오르면 1의 달걀물을 얇게 부어 달걀이 70~80% 익으면 젓가락을 이용해 돌돌 말아 달걀말이를 만들어요.

3 불고기용 돼지고기를 먹기 좋은 크기로 썰어 분량의 양념장에 버무려 10분 정도 재워둡니다.

4 팬에 기름을 조금 두르고 양념한 돼지고기를 볶아요.

5 먹기 좋은 크기로 자른 채소를 넣어 같이 볶고, 숨이 죽으면 마지막에 대파나 쪽파를 송송 썰어 넣고 잠깐 더 볶아요.

6 밥에 참기름과 검은깨를 조금 넣어 섞어줍니다.

> 대파 썬 것 활용 방법은 우엉데리야끼치킨덮밥 참고

7 도시락에 밥을 가볍게 담고 그 옆에 달걀말이를 먹기 좋게 썰어 담아요.

8 밥에 치커리잎을 손으로 뜯어 올리고, 채 썬 뒤 찬물에 담가두었던 대파를 물기를 없애고 올린 다음 그 위에 제육볶음을 얹어 도시락을 완성해요.

 Tip ××××××××××××××××××××××××××××××××× ××××
아이가 매워하지 않을 정도로 고추장을 약간만 넣어 만든 제육볶음을 밥에 얹어 도시락을 만들었습니다. 적은 양이지만 야채를 먹이기 위해 치커리를 제육볶음 밑에 깔았고요. 여기에 과일 몇 가지만 챙겨 담아주면 된답니다.

덮밥 & 볶음밥 도시락 13

파인애플찹스테이크덮밥 도시락
파인애플찹스테이크덮밥+미니와플

Ready

● **파인애플찹스테이크덮밥**
밥 2/3공기, 소고기 안심 40g,
파인애플 15g, 당근 10g,
양파 15g, 그린빈 1~2개
소스 유기농케첩 1/2T,
우스터소스 1/2T,
아가베시럽 1/2T, 물 1T,
후추 약간

● **미니와플**
밀가루 50g, 우유 50mL,
달걀 15g, 유기농설탕 1T,
유자청 2/3T,
베이킹파우더 1.5g

Recipe

● 파인애플찹스테이크덮밥

1 분량의 소스 재료를 모두 섞어 준비해요.

2 소고기는 안심으로 준비해 소금을 약간 뿌려 먹기 좋은 크기로 썰고, 양파·당근·파인애플·그린빈도 먹기 좋은 크기로 썰어 준비해요.

3 팬에 기름을 조금 두르고 양파와 당근을 넣어 살짝 볶아요.

4 3에 파인애플, 소고기, 그린빈을 넣어 볶다가 소고기가 완전히 익으면 만들어놓은 소스를 넣어 고루 버무려요.

5 도시락에 밥을 담고 한 김 식힌 찹스테이크를 얹어줍니다.

● 미니와플

6 우유에 달걀과 유기농설탕을 넣고 잘 풉니다.

7 밀가루와 베이킹파우더는 체에 2번 정도 내려 준비한 뒤 6의 우유물과 다진 유자청을 넣고 가볍게 섞습니다.

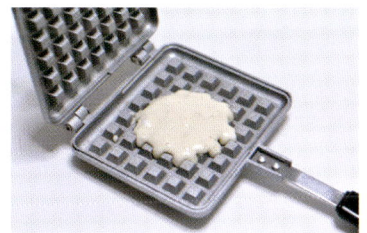

8 반죽을 15분 정도 그대로 두었다가 뜨겁게 달구어진 와플팬에 기름칠을 약간 하고 한 숟가락씩 떠 올려 양면이 노릇하게 구우세요. 소스 그릇에 유자청을 따로 담아 도시락에 담아줍니다.

Tip ××
와플팬이 없다면 핫케이크로 만들어도 좋아요. 아가베시럽이나 메이플시럽을 곁들여도 좋지만 향긋한 유자청을 곁들여도 좋더라고요. 파인애플은 너무 많이 넣으면 스테이크가 전체적으로 너무 달아져 스테이크 맛을 해칠 수 있으니 적당히 넣는 게 좋아요. 소고기는 너무 오래 익히면 질겨져서 아이가 씹기 힘들 수 있으니 오래 조리하지 마세요.

덮밥 & 볶음밥 도시락 14

파프리카불고기덮밥 도시락
파프리카불고기덮밥+오이샐러드샌드위치

Ready

🔵 **파프리카불고기덮밥**
밥 2/3공기, 소고기 50g,
노란색·빨간색 파프리카 8g씩,
피망 5g, 양송이 1개, 양파 10g,
대파나 쪽파 조금
양념장 진간장 1/2T, 물 1/2T,
유기농설탕 1/3T, 유자청 1/4T,
다진 마늘·참기름·
생강즙 약간씩

🔵 **오이샐러드샌드위치**
식빵 1쪽, 다진 오이 2T,
유기농마요네즈 2/3T,
흰 후추 약간

Recipe

파프리카불고기덮밥

1 소고기는 불고기감으로 준비해 얇게 채 썰어 분량의 양념장 재료에 버무려 잠시 재워둡니다.

2 양송이는 모양을 살려 슬라이스하고, 파프리카·피망·양파는 짧게 채 썰고, 대파는 어슷 썰어 준비해요.

3 팬에 기름을 조금 두르고 양념장에 재운 소고기를 넣어 볶아요.

4 소고기에 양파와 양송이를 넣어 잠깐 볶아요.

5 4에 파프리카·피망·대파를 넣어 볶아요.

6 도시락에 밥을 담고 한 김 식힌 파프리카불고기를 얹어요.

오이샐러드샌드위치

7 오이를 잘게 다져 마요네즈, 후추와 버무려요.

8 반으로 자른 식빵 한쪽에 오이샐러드를 얹고 나머지 한쪽을 올려 살짝 누른 다음 식빵 테두리를 잘라내고 2~3 등분하여 도시락에 담아요.

Tip ××××××××××××××××××××
불고기에 파프리카와 피망을 넣어 알록달록 먹음직스럽게 만들어요. 색감 때문인지 더욱 반겨하는 메뉴 중 하나입니다. 금방 먹을 거라면 체다치즈나 모차렐라치즈를 조금 얹어도 좋아요.

핑크지라시즈시 도시락
핑크지라시즈시+연근칩

Ready

● **핑크지라시즈시**
흰밥 2/3공기
(단촛물 : 식초 1/2T,
유기농설탕 1/2T, 소금 약간),
비트즙 1/3T,
달걀 1/2개(소금 약간),
당근 8g, 표고버섯 1개,
브로콜리 10g, 김 약간
조림장 간장 2/3T, 물 50mL,
유기농설탕 1/2T, 요리술 1/2T

● **연근칩**
연근 150g, 소금 약간

Recipe

핑크지라시즈시

1 당근은 슬라이스한 뒤 모양틀을 이용해 꽃모양으로 자르고, 표고버섯은 기둥은 떼어내고 갓 부분만 모양 살려 채 썰고, 브로콜리는 끓는 물에 소금을 조금 넣어 살짝 데친 뒤 송이송이 떼어내요.

2 조림장 재료를 냄비에 넣고 팔팔 끓으면 1의 재료를 넣어 간이 밸 정도로만 살짝 조린 뒤 체에 건져 물기를 빼요.

3 달걀은 소금을 약간 넣고 젓가락으로 휘휘 저어 풀어요. 달군 팬에 기름을 조금 두르고 불을 약하게 낮춘 뒤 달걀물을 부어 얇게 지단을 부쳐요. 부쳐낸 지단은 한 김 식혀서 채 썰어요.

4 단촛물 재료를 한데 넣고 설탕이 녹을 정도로만 끓인 뒤 뜨거운 밥에 뿌려가며 고슬고슬하게 섞고, 비트를 강판에 갈아 즙을 내어 섞어 분홍색을 냅니다.

5 초밥에 2의 재료를 넣어 가볍게 섞은 뒤 도시락에 담고 채 썬 지단을 흩뿌린 뒤 김을 채 썰어 가볍게 뿌려요.

연근칩

6 슬라이서를 이용해 껍질 벗긴 연근을 얇게 슬라이스한 뒤 식초를 조금 섞은 물에 넣어 전분기와 떫은맛을 없애요.

7 소금을 약간 넣은 끓는 물에 연근을 넣고 30초 정도 데쳐낸 뒤 키친타월이나 행주에 올려놓아 물기를 빼요.

8 물기가 조금 마르면 150~160도의 튀김기름에 연근을 하나씩 넣고 거품이 사그라질 때까지 튀겨서 키친타월에 올려 기름기가 빠지도록 한 뒤 도시락에 담아요.

Tip 연근은 식초물에 담가두었다가 물기를 제거한 뒤 바로 튀겨도 되지만 끓는 물에 살짝 데쳤다가 튀기면 뽀얗고 예쁜 연근칩을 만들 수 있어요. 데칠 때 소금을 약간 넣으면 연근의 고소함이 더해져 더욱 맛있습니다.

함박스테이크덮밥 도시락

함박스테이크덮밥+메추리알프라이&그린빈+메쉬포테이토

Ready

● 함박스테이크덮밥
밥 1/2공기(다진 브로콜리 1.5T, 참기름 약간)
함박스테이크 다진 소고기 30g, 다진 돼지고기 30g, 다진 양파 35g, 다진 브로콜리 5g, 진간장 1/3T, 생빵가루 1T, 메추리알 1개, 흰 후추·소금·넛맥 약간씩
소스 유기농케첩 1/3T, 우스터소스 1/3T, 아가베시럽 1/3T, 물 1T, 후추 약간

● 메추리알프라이&그린빈
메추리알 2~3개, 그린빈 2~3개
(소금·후추 약간)

● 메쉬포테이토
삶은 감자 50g, 우유 25mL, 소금·흰 후추 약간씩

Recipe

● 메쉬포테이토

● 메추리알프라이&그린빈

1. 감자는 삶아 완전히 익힌 뒤 뜨거울 때 껍질을 벗기고 포크로 으깨요.

2. 으깬 감자에 우유·소금·후추를 넣고 약한 불에서 수분기가 없어질 때까지 뭉근하게 조려요. 체에 한번 걸러 끓이면 질감이 더욱 부드러워요.

3. 그린빈은 끓는 물에 20~30초 데쳐 기름 두른 팬에 메추리알과 함께 살짝 프라이해요. 구운 그린빈은 소금과 후추를 조금씩 뿌려 간을 합니다.

● 함박스테이크덮밥

4. 함박스테이크 재료를 모두 넣고 반죽에 끈기가 생길 때까지 조물조물 반죽해요. 브로콜리는 데친 뒤 꽃잎 부분만 다져 넣어요.

5. 반죽에 끈기가 생기면 지름 4cm, 두께 1cm 정도로 완자를 빚어요. 뜨겁게 달군 팬에 기름을 약간만 두르고 완자를 넣어 앞뒤로 뒤집어가며 익혀요.

6. 다른 팬에 분량의 소스 재료를 모두 넣어 바글바글 끓인 뒤 구운 함박스테이크를 넣어 소스가 걸쭉해질 때까지 소스를 끼얹어가며 조려요. 이때 너무 조리면 간이 세지니 살짝만 조려요.

7. 데친 브로콜리를 찬물에 헹군 뒤 잘게 다져 밥에 넣고 참기름 약간과 섞어요.

8. 도시락에 브로콜리밥을 담고, 청경채잎으로 경계선을 만들어준 다음 한쪽에 메쉬포테이토와 그린빈을 담고, 밥에는 함박스테이크와 메추리알프라이를 얹어요.

Tip ××

야채류를 많이 먹이고 싶어 밥에 브로콜리를 다져넣어 도시락을 담아봤어요. 오이피클을 함께 담아주면 부족한 야채도 더 섭취할 수 있고, 도시락을 상큼하게 먹을 수 있어서 좋아요. 함박스테이크 반죽은 전날 저녁 미리 만들어두면 당일에는 소스만 준비하고 굽기만 하면 되니 도시락을 뚝딱 싸줄 수 있어요.

PART 3
동글동글 비슷한 모양에
각기 다른 맛을 내는
미니주먹밥 도시락

"나이가 어릴수록 김밥이나 다른 도시락보다는 주먹밥 도시락이
아이가 한입에 먹기에도 좋고 집어먹기도 편해요.
여러 가지 재료를 잘게 다져 볶은 뒤 밥과 섞어 조물조물해서
동그랗게 만들거나 주먹밥틀을 이용해 다양한 모양으로 만들 수 있어요."

미니 주먹밥 도시락 01

가쓰오부시주먹밥 도시락
가쓰오부시주먹밥+레몬간장치킨강정

Ready

● **가쓰오부시주먹밥**
밥 2/3공기,
가쓰오부시 부순 것 1.5T,
깻잎 2장, 통깨 1/2T, 김 1/2장,
참기름 1/3T, 소금 약간

● **레몬간장치킨강정**
닭안심 100g,
튀김옷(달걀흰자 1T,
감자전분 1.5T,
유기농설탕 1/3T,
생강즙 1/4T, 소금 약간)
레몬간장소스 레몬즙 1/2T,
진간장 1T, 아가베시럽 1T,
유기농설탕 1/2T
부재료 캐슈넛 10알

Recipe

● 가쓰오부시주먹밥

1. 밥에 가쓰오부시를 제외한 주먹밥 재료를 넣고 고루 섞어요.

2. 손으로 대충 부순 가쓰오부시를 1에 넣고 섞어요.

3. 손에 위생장갑을 끼고 양념한 밥을 적당량 덜어 조물조물해서 주먹밥을 만들어요.

● 레몬간장치킨강정

4. 찬물에 닭안심을 흔들어 씻은 뒤 안쪽에 있는 힘줄을 잡아당겨 잘라내요.

5. 힘줄을 제거한 닭안심을 5~6 등분하고, 튀김옷 재료를 넣어 고루 섞은 다음 10분 정도 재워요.

6. 레몬즙을 짜내 간장과 소스 재료를 한데 섞어 소스를 만들어요.

7. 재워두었던 닭고기를 180도의 튀김 기름에 노릇하게 튀겨요. 2번 튀기면 강정을 좀 더 바삭하게 만들 수 있어요.

8. 만들어두었던 소스를 냄비에 넣어 바글바글 끓이다 끈기가 생기면 불을 약간 줄이고, 튀겨낸 닭고기와 캐슈넛을 넣고 저어가며 고루 섞어요.

Tip ××××××××××××××××××
치킨강정은 전날 미리 반죽해놓았다가 다음 날 튀기면 좀 더 쉽게 도시락을 준비할 수 있어요. 레몬즙과 아가베시럽 대신 유자청이나 매실청을 넣고 만들어도 맛있답니다.

미니 주먹밥 도시락 02

견과쌈장깻잎쌈밥 도시락
견과쌈장깻잎쌈밥+두부강정+단호박샐러드

Ready

◎ **견과쌈장깻잎쌈밥**
밥 2/3공기,
깻잎(작은 것) 8~10장
쌈장 전통된장 1/2T, 미소 1/2T,
참기름 1/3T,
양파 다진 것 1/3T,
쪽파 1/3T,
견과류(캐슈넛, 아몬드, 잣,
해바라기씨 등) 다진 것 1T,
물 1T

◎ **두부강정**
두부 50g, 쌀가루 1T
소스 케첩 1/4T, 진간장 1/3T,
식초 1/3T, 아가베시럽 1/3T

◎ **단호박샐러드**
미니단호박 찐 것 2T,
건포도 1/2T,
유기농마요네즈 1/3T
(혹은 플레인요거트 1/2T),
아가베시럽 1/4T

Recipe

◉ 견과쌈장깻잎쌈밥

1. 팬에 참기름을 두르고 다진 양파와 송송 썬 쪽파를 넣고 1분 정도 볶아요.

2. 1에 전통된장과 미소된장을 넣고 1분 정도 더 볶다 물을 넣고 잠깐 더 볶은 뒤 다진 견과류를 넣고 섞어요.

3. 깻잎을 끓는 물에 5초 정도만 데친 뒤 찬물에 바로 헹궈 물기를 꼭 짜서 준비해요.

4. 데친 깻잎의 꼭지를 떼고, 뒷면이 위로 올라오도록 바르게 편 다음 작게 뭉친 주먹밥에 쌈장을 조금씩 얹어 깻잎으로 잘 감싸 말아요.

◉ 두부강정

5. 두부는 사방 1cm 정도 크기로 깍둑 썬 뒤 키친타월이나 마른 행주에 올려 물기를 흡수시켜요.

6. 두부에 쌀가루나 찹쌀가루, 녹말가루 등을 전체적으로 묻혀 180도의 기름에 튀깁니다.

7. 분량의 소스 재료를 팬에 넣어 바글바글 끓기 시작하면 튀겨놓은 두부를 넣어 버무려요.

◉ 단호박샐러드

8. 단호박을 잘라 씨를 도려낸 뒤 쪄내 뜨거울 때 포크로 으깨고 나머지 재료를 모두 넣어 섞어요.

Tip 단호박샐러드를 만들 때 단호박 당도에 따라 아가베시럽은 넣지 않아도 됩니다. 깻잎에 밥을 쌀 때는 거친 면이 위로 올라오도록 놓은 뒤 밥을 말아야 아이가 먹을 때 거부감을 느끼지 않아요. 두부는 오래 튀길수록 유부와 비슷한 질감이 돼서 쫄깃해져요. 아이 식성에 따라 튀김 정도를 조절하세요.

미니 주먹밥 도시락 03

달걀&새우꼬마초밥 도시락
달걀&새우꼬마초밥+부추전

Ready

◉ **달걀&새우꼬마초밥**
밥 2/3공기, 칵테일새우 2마리
단촛물 식초 1/2T,
유기농설탕 1/2T, 소금 약간
달걀말이 달걀 1/2개,
브로콜리 1/3T,
다시마우린 물 1/2T,
소금 약간
부재료 참나물 줄기 적당량,
고추냉이 약간

◉ **부추전**
송송 썬 부추 3T, 밀가루 1.5T,
감자전분 1/3T, 메추리알 1알,
물 3T, 다진 마늘·소금 약간씩

Recipe

🌱 **달걀&새우꼬마초밥**

1 달걀말이 재료를 한데 넣어 잘 섞어 준비해요.

2 뜨거운 팬에 기름을 약간만 두르고 불을 줄인 다음 달걀물을 부어 80% 정도 익으면 3단으로 접어 완전히 익혀요. 달걀말이가 다 식으면 2×1cm 정도로 잘라 준비해요.

3 칵테일새우는 끓는 물에 살짝 데쳐 반으로 잘라 준비해요.

4 단촛물 재료를 냄비에 넣고 한 김 끓여 뜨거운 밥에 조금씩 넣어가며 섞어요. 이때 부채바람을 불어주거나 입바람을 불어주며 섞으면 더 잘돼요.

5 손에 위생장갑을 끼고 초밥을 조금씩 뭉쳐요. 뭉친 초밥에 이쑤시개나 꼬치를 이용해 고추냉이를 조금씩 찍어 초밥에 발라요.

6 데친 참나물 줄기를 밑에 깔고 뭉친 초밥을 올린 뒤 초밥 위에 달걀말이와 새우를 각각 올린 다음 참나물 줄기로 묶어 완성해요.

🌱 **부추전**

7 부추는 작게 송송 썰어 나머지 전 재료와 섞어요. 이때 애호박을 채 썰어 넣어도 맛있어요.

8 기름 두른 팬에 숟가락으로 1/2 숟가락씩 떠 올려 뒤집어가며 부쳐요.

Tip ××××××××××××××××××××
부추전은 얇게 부쳐야 맛있어요. 한 입에 먹을 수 있도록 작게 부쳐요.

105

미니 주먹밥 도시락 04

옥수수당근주먹밥 도시락
옥수수당근주먹밥+미니미트볼 브로콜리꼬치

Ready

● **옥수수당근주먹밥**
당근밥 2/3 공기,
옥수수(캔) 1.5T,
소금·참기름 약간씩
(당근밥 : 불린 쌀 1컵, 당근 60g, 물 1컵)

● **미니미트볼 브로콜리꼬치**
미트볼 소고기다짐육 30g,
돼지고기다짐육 15g,
다진 양파 1/2T,
달걀흰자·빵가루 각각 1/3T,
소금·후추 약간씩
미트볼소스 아가베시럽 1/3T,
케첩 1/3T, 물 1T, 브로콜리 30g
(양념 : 소금·참기름 약간)
기타 재료 파인애플 1조각,
방울토마토 2~3개,
대나무 꼬치 4개

Recipe

● 옥수수당근주먹밥

1 쌀을 씻은 뒤 30분 정도 불려 잘게 썬 당근과 섞어 밥을 지어요.

2 잘 지어진 당근밥에 옥수수와 소금·참기름을 조금씩 넣고 밥알이 으깨지지 않도록 조심하며 섞어요.

3 양념한 밥을 조금씩 손에 덜어 부서지지 않도록 뭉쳐 주먹밥을 만들어요.

● 미니미트볼 브로콜리꼬치

4 기름을 두르지 않은 팬에 파인애플을 앞뒤로 약간만 구워서 식힌 뒤 먹기 좋은 크기로 잘라요.

5 브로콜리는 소금물에 10초 정도 데친 뒤 찬물에 헹궈 물기를 빼고, 소금·참기름을 조금 넣어 버무려요.

6 미트볼 재료를 볼에 모두 넣고 찰진 느낌이 날 때까지 치대듯 반죽해요.

7 6의 반죽으로 지름 1.5cm 정도로 둥글게 미트볼을 만들어 뜨겁게 달군 팬에 넣어 굴려가며 익혀요.

8 7에 분량의 미트볼소스 재료를 넣고 약한 불에서 미트볼을 굴려가며 버무려요. 작은 꼬치에 브로콜리→파인애플→미트볼→방울토마토 순으로 꽂아요.

Tip ××××××××××××××××××

미트볼은 넉넉히 만들어 적당량씩 덜어 지퍼백에 밀봉한 뒤 냉동실에 넣어두고 필요할 때마다 사용하면 좋아요. 레시피에 달걀이 조금만 들어갈 때는 메추리알을 사용하면 좋아요.

미니 주먹밥 도시락 05

데리야끼소스주먹밥구이 도시락

데리야끼소스주먹밥구이+닭고기견과완자+양상추두부구이샐러드

Ready

🟢 **데리야끼소스주먹밥구이**
밥 2/3공기(밥양념 : 소금 약간)
데리야끼소스 진간장 1/3T,
유기농설탕 1/3T, 생강즙 약간,
요리술 1/4T

🟢 **닭고기견과완자**
닭가슴살 1/2쪽, 두부 25g,
생빵가루 1/2T,
견과류(아몬드, 캐슈넛,
피스타치오 등) 1T,
유기농설탕 1/4T, 진간장 1/3T,
생강즙 약간, 쌀가루 1T,
달걀 1/2개

🟢 **양상추두부구이샐러드**
양상추 반 줌, 두부 40g
소스 진간장 1/2T, 식초 1/2T,
아가베시럽 1/3T, 통깨 1/3T,
올리브기름 1/2T

Recipe

● 데리야끼소스주먹밥구이

1. 밥에 소금을 약간만 뿌려 고루 섞은 뒤 손에 조금씩 덜어 동글납작하게 만들어요.

2. 분량의 데리야끼소스를 모두 섞어 소스를 만들어요.

3. 팬에 기름을 조금 두르고 주먹밥을 올려 뒤집어가며 굽다가 약간 노릇해지면 데리야끼소스를 조금씩 발라가며 너무 딱딱하지 않게 구워요.

● 닭고기견과완자

4. 견과류 여러 가지를 조금씩 섞어 칼로 대강 다지거나 지퍼백에 넣어 밀대로 밀어 부숴요.

5. 닭가슴살은 찬물에 깨끗하게 씻은 뒤 물기를 닦아내고, 곱게 다져 쌀가루와 달걀을 제외한 나머지 재료를 한데 넣고 다져놓은 견과류도 함께 넣어 치대요.

6. 5를 동글납작하게 완자를 빚어 쌀가루를 고루 묻힌 뒤 달걀물에 적셔요.

● 양상추두부구이샐러드

7. 팬에 기름을 조금씩 두르고 완자를 올려 앞뒤로 약간 노릇하게 구워요.

8. 양상추는 손으로 잘게 찢어 찬물에 담가두었다가 건져내 물기를 털어요.

9. 두부는 사방 1cm 크기로 네모 썰기한 다음 팬에 기름을 조금만 두르고 굴려가며 전체적으로 노릇해지도록 지져요.

10. 분량의 소스 재료를 섞어 소스를 만들어 소스통에 따로 담아줍니다.

Tip ××××××××××××××××××
주먹밥과 닭고기완자 모두 완전히 식힌 다음 도시락에 차례차례 담고 두부도 완전히 식힌 뒤 양상추와 섞어 도시락에 따로 담아요. 소스는 소스통에 따로 담아 넣어줍니다.

미니스테이크주먹밥꼬치 도시락

미니스테이크주먹밥꼬치 + 그린빈&브로콜리 + 토마토마리네이드

미니 주먹밥 도시락 06

Ready

● 미니스테이크주먹밥꼬치
소고기 안심 50g
(밑간 : 소금 · 후추 약간씩)
기장밥 2/3공기
(양념 : 소금 · 참기름 약간씩)
스테이크소스 우스터소스 1/2T,
유기농 케첩 1/2T,
아가베시럽 1/2T,
무염버터 1/3T, 후추 약간

● 그린빈&브로콜리
그린빈 2개, 브로콜리 25g,
올리브기름 1/3T,
소금 · 후추 약간씩

● 토마토마리네이드
방울토마토 작은 것 10개,
노란색 파프리카 다진 것 1/2T,
레몬즙 1T, 아가베시럽 1T,
올리브기름 2/3T,
바질가루 · 소금 약간씩

Recipe

● **미니스테이크주먹밥꼬치**

1. 소고기는 구이용 안심으로 준비해 소금과 후추를 약간만 뿌려 뜨거운 팬에 재빨리 구워요.

2. 구운 소고기는 아이가 한입에 먹기 부담 없는 크기로 잘라 준비해요.

3. 밥에 소금과 참기름을 약간 넣고 조물조물해서 주먹밥을 작게 만들어요.

4. 팬에 분량의 소스 재료를 모두 섞어 스테이크소스를 만들어요.

5. 작은 꼬치에 스테이크와 주먹밥을 순서대로 조금씩 꽂고 스테이크에 4의 스테이크소스를 약간씩 발라요.

● **그린빈&브로콜리**

6. 그린빈과 브로콜리는 소금물에 살짝 데친 뒤 찬물에 바로 담가 식혀요.

7. 6을 물에서 꺼내 물기를 털어내고 올리브기름·소금·후추로 양념해 버무려요.

● **토마토마리네이드**

8. 노란색 파프리카는 씨를 없애고 잘게 썰어 방울토마토를 제외한 재료들과 섞어요.

9. 팔팔 끓는 물에 방울토마토를 넣어 10초 정도만 데친 뒤 차가운 물이나 얼음물에 집어넣어 껍질을 벗겨요.

10. 8의 소스에 껍질 벗긴 방울토마토를 넣고 버무려 냉장고에 30분 정도 재워둡니다.

TIP 소고기를 잘 씹어 삼키지 못하는 아이에게는 소고기 부위 중 가장 부드러운 안심이 먹이기 좋아요. 토마토마리네이드는 전날 저녁 만들어 냉장고에 넣어두었다가 방울토마토만 건져 도시락에 넣어주면 토마토에 소스맛이 충분히 배어 맛있어요. 생바질을 사용하면 훨씬 먹음직스럽고 맛도 좋아요.

불고기김치미니주먹밥 도시락

미니주먹밥도시락 07

불고기김치미니주먹밥+궁중떡볶이+보들보들 달걀찜

Ready

◉ **불고기김치미니주먹밥**
밥 2/3공기(양념 : 통깨 1/3T,
소금·참기름 약간씩),
다진 김치 2/3T, 다진 양파 1/2T
불고기 소고기다짐육 1T,
진간장 1/5T, 아가베시럽 1/5T,
참기름·다진 마늘·
후추 약간씩

◉ **궁중떡볶이**
조랭이떡 15개,
소고기다짐육 1T,
채 썬 당근 1T, 채 썬 양파 1T,
간장 1/3T, 아가베시럽 1/3T,
다진 마늘·참기름 약간씩

◉ **보들보들 달걀찜**
달걀 1/2개, 물 50mL,
우유 1/3T, 소금 약간

Recipe

🟢 불고기김치미니주먹밥

1. 불고기 재료를 모두 넣어 섞고 10분 정도 간이 배도록 재워요.
2. 팬에 양념한 소고기를 넣고 살짝 볶다 양념을 씻어내고 잘게 썬 김치와 다진 양파를 넣고 볶아요.
3. 밥에 통깨·소금·참기름을 약간씩 넣어 양념해요.

🟢 궁중떡볶이

4. 양념한 밥을 조금씩 덜어 한 김 식힌 2의 재료를 조금씩 넣고 오므려 삼각형으로 만들어요. 주먹밥이 서로 들러붙지 않도록 김밥용 김을 잘라 밑에 둘러요.
5. 조랭이떡은 뜨거운 물에 1~2분 데쳐 낸 뒤 참기름을 약간 뿌려 버무려요.
6. 팬에 잘게 채 썬 당근과 양파를 넣어 볶아요. 소고기를 넣어 볶고, 데쳐놓은 조랭이떡을 넣고 진간장·아가베시럽·다진 마늘·참기름을 넣어 조금 더 볶은 뒤 통깨를 뿌려 완성해요.

🟢 보들보들 달걀찜

7. 달걀의 2배 되는 물을 붓고 나머지 재료를 모두 넣어 잘 섞어요.
8. 크기가 작은 종이컵이나 코팅되어 있는 미니머핀컵에 체에 거른 9의 달걀물을 부어 중탕으로 15분 정도 익혀요.

미니 주먹밥 도시락 08

유부초밥 도시락
유부초밥+메추리알튀김+고구마튀김

Ready

🍴 **유부초밥**
밥 2/3공기
(밥 양념 : 유부조림장 1T),
냉동유부 4~5장,
다진 오이 1/2T,
다진 당근 1/2T, 다진 우엉 1T
우엉조림장
진간장·아가베 시럽 1/4T씩,
물 1T
유부조림장
가쓰오부시국물 80mL,
진간장 2.5T, 요리술 1/2T,
유기농설탕 2.5T, 식초 2.5T

🍴 **메추리알튀김**
메추리알 5알, 튀김옷
(쌀가루 1/2T, 생빵가루 2T,
달걀물 약간)

🍴 **고구마튀김**
고구마 30g, 튀김가루 1/3T
(튀김옷 : 튀김가루 1T, 찬물 3T,
강황가루나 카레가루 약간)

114

Recipe

유부초밥

1. 가쓰오부시 국물에 유부조림장 양념을 모두 넣어 잠깐 끓인 뒤 불을 끄고 끓는 물에 살짝 데쳐낸 유부를 넣어 양념이 배도록 두어요. 건져낸 유부는 물기를 꼭 짜내고, 조림장은 밥 양념장으로 사용해요.

2. 유부는 아이가 먹기 좋게 삼각형으로 잘라요.

3. 오이는 씨 부분을 제외하고 돌려 깎아 잘게 다지고, 당근도 잘게 다져 팬에 살짝 볶아요.

4. 우엉은 잘게 썬 뒤 식초를 한두 방울 넣은 물에 담가두었다가 기름 두른 팬에 볶아서 조림장 양념을 넣고 조려요.

5. 뜨거운 밥에 유부를 조리고 남은 양념장을 조금 넣어 수분이 다 날아갈 때까지 잘 섞은 다음 3과 4의 재료를 넣고 섞어요.

6. 조려놓은 유부에 양념한 밥을 조금씩 넣어 유부초밥을 만들어요.

메추리알 튀김

7. 메추리알을 삶아 껍질을 벗기고 쌀가루 → 달걀물 → 파슬리가루 섞은 생빵가루 순으로 튀김옷을 입혀요.

8. 180도의 튀김기름에 튀김옷을 입힌 메추리알을 튀겨요.

고구마튀김

9. 고구마를 동글게 모양을 살려 슬라이스하고 튀김가루를 고루 입힌 다음 분량의 튀김옷 재료를 모두 섞어 만든 튀김물을 입혀요.

10. 170~180도의 튀김기름에 고구마를 넣어 노릇하게 튀겨요.

> **Tip** 고구마튀김은 메추리알튀김과 같은 방법으로 튀기면 좀 더 간편하게 도시락을 준비할 수 있어요. 메추리알은 그냥 넣어줘도 상관없지만 메추리알을 잘 먹지 않는 우리 아이는 이렇게 튀겨주니 잘 먹더군요. 케첩을 약간 발라 담아주어도 괜찮아요.

미니 주먹밥 도시락 09

잔멸치쪽파주먹밥 도시락
잔멸치쪽파주먹밥 + 깻잎전

Ready

● 잔멸치쪽파주먹밥
밥 2/3 공기,
잔멸치 1.5T, 양파 다진 것 1/2T,
당근 다진 것 1/2T,
송송 썬 쪽파 1T,
올리브기름 1/2T, 통깨 1/2T,
소금 약간

● 깻잎전
깻잎 5장, 쌀가루 1T,
달걀 1/2개
소재료 두부 40g,
돼지고기다짐육 1.5T,
양파 다진 것 1T,
송송 썬 쪽파 1/2T,
소금·후추·참기름 약간씩,
다진 마늘 1개분

Recipe

● 잔멸치쪽파주먹밥

1 뜨겁게 달군 팬에 기름을 두르지 않고 멸치를 넣어 바삭하게 볶아 비린내를 날려요.

2 멸치가 다 볶아지면 다진 양파와 다진 당근, 올리브기름을 넣어 양파가 투명해질 때까지 볶아요.

3 밥과 쪽파를 넣고 살짝 볶다가 소금 간을 한 다음 통깨를 듬뿍 넣어요.

4 볶음밥을 한 김 식힌 뒤 조금씩 떼어 손으로 조물조물해서 주먹밥을 만들어요.

● 깻잎전

5 부침두부로 준비해 물기를 뺀 뒤 으깨어 나머지 소재료와 한데 섞어 치대듯 반죽한 다음 소를 만들어요.

6 깻잎은 찬물에 2~3번 흔들어 씻은 뒤 물기를 털고 나서 전체적으로 쌀가루를 묻혀 가볍게 털어내요.

7 6에 5의 소를 조금씩 담고 깻잎을 돌돌 말아요.

8 7에 풀어놓은 달걀물을 입혀요.

9 기름 두른 팬에 노릇하게 지져내 한 김 식으면 먹기 좋은 크기로 잘라 도시락에 담아요.

Tip ×××××××××××××××××××
밥을 볶을 때 기름을 너무 많이 넣으면 주먹밥이 잘 뭉쳐지지 않을 수 있어요.

잡곡달걀쌈밥 도시락
잡곡달걀쌈밥+꼬마치킨강정

미니 주먹밥 도시락 10

Ready

◉ **잡곡달걀쌈밥**
밥 2/3공기
(밥 양념 : 데친 시금치 1T,
소금·참기름 약간씩)
지단 달걀 1개, 달걀노른자 1개,
찹쌀가루 1/4T, 물 1/2T,
소금 약간
부재료 미니햄 3개,
데친 참나물 줄기

◉ **꼬마치킨강정**
닭안심 100g, 달걀흰자 1T,
감자전분 1.5T,
유기농설탕 1/3T,
소금·후추 약간씩
강정소스 케첩 1/2T,
진간장 1/3T, 식초 2/3T,
아가베시럽 1/2T,
검은깨 1/3T

Recipe

● 잡곡달걀쌈밥

1 분량의 지단 재료를 한데 넣고 휘저어 섞어요. 찹쌀가루는 먼저 물과 섞어서 넣어야 멍울이 지지 않아요.

2 팬을 뜨겁게 달군 뒤 불을 줄이고 기름을 조금만 두른 다음 달걀물을 한 숟가락씩 덜어 팬에 돌려가며 지름 6~7cm로 얇게 지단을 부쳐요.

3 잡곡밥을 지어 데친 시금치를 잘게 다져넣고 소금과 참기름을 약간만 넣어 고루 섞어요.

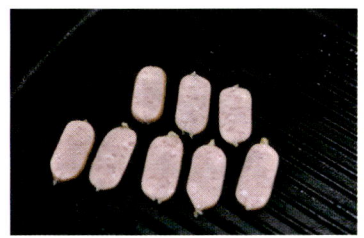

4 미니햄을 얇게 잘라 뜨겁게 달군 팬에 살짝 구운 뒤 식혀요.

5 지단이 완전히 식으면 양념해놓은 밥을 조금씩 뭉쳐 주먹밥을 만들어 가운데에 올리고 지단으로 감싼 다음 구운 햄을 올리고 데친 참나물 줄기로 묶어요.

● 꼬마치킨강정

6 치킨은 소스 재료를 제외한 재료를 모두 넣어 조물조물해서 10분 정도 재워요.

7 검은깨를 제외한 소스 재료를 섞어 강정소스를 만들어 준비해요.

8 재워둔 치킨을 180도의 튀김기름에 넣고 튀겨요. 두 번 튀기면 더욱 바삭해요.

9 팬에 미리 준비한 소스 재료를 넣고 끓기 시작하면 튀겨놓은 치킨을 넣어 고루 버무리고 마지막에 통깨를 뿌려 완성합니다. 넓은 접시에 펼쳐 식힌 뒤 도시락에 담아요.

Tip ××××××××××××××××××××××
입가심으로 새콤하게 먹을 피클을 함께 담아 도시락을 싸주면 더 맛있게 먹을 수 있어요.

미니 주먹밥 도시락 11

참나물나토주먹밥 도시락
참나물나토주먹밥+소고기감자조림+우엉튀김

Ready

🟢 **참나물나토주먹밥**
수수보리밥 2/3공기,
데친 참나물 다진 것 1T,
나토 1T, 진간장 1/5T,
유기농마요네즈 1/4T,
소금 약간, 참기름 1/3T,
통깨 1/2T
(수수보리밥 : 불린 쌀 2/3컵,
불린 수수+찰보리 1/3컵,
물 1컵)

🟢 **소고기감자조림**
소고기다짐육 2T, 감자 50g,
당근 20g
조림장 가쓰오부시국물 50mL,
진간장 2/3T, 유기농설탕 1/2T,
요리술 1/3T, 생강즙 약간

🟢 **우엉튀김**
우엉 25g, 튀김옷(감자전분 1T,
물 1T, 검은깨 1/3T, 소금 약간)

Recipe

🟢 **참나물나토주먹밥**

1 참나물은 소금물에 10초 정도만 데쳐 찬물에 헹군 뒤 물기를 꼭 짜서 잘게 다져 준비해요.

2 나토는 칼로 대충 다진 뒤 유기농마요네즈, 진간장을 조금 넣어 잘 휘저어요.

3 수수보리밥을 지어 참나물과 통깨, 소금, 참기름을 넣어 고루 섞어요.

4 양념한 밥을 손에 덜어 동글납작하게 만든 뒤 2의 나토를 조금씩 얹어 잘 뭉친 다음 삼각형으로 만들어요.

5 주먹밥에 김밥용 구이김을 1.5cm 정도 너비로 잘라 둘러줘요.

🟢 **소고기감자조림**

6 소고기다짐육을 팬에 넣고 겉면이 익을 때까지만 센 불에서 재빨리 익혀요.

7 6에 사방 1cm 크기로 자른 당근과 감자를 넣고 잠깐 볶다가 분량의 조림장 재료를 모두 넣고 감자가 익을 때까지 약한 불에서 뭉근히 조려요.

🟢 **우엉튀김**

8 우엉은 껍질을 벗기고 연필 깎듯이 어슷 썰어 갈변이 되지 않도록 식초를 한두 방울 떨어뜨린 물에 넣어요.

9 분량의 튀김옷 재료를 섞어 8의 우엉을 넣고 잘 버무려 170~180도의 튀김기름에 하나씩 넣어 튀기다 위로 떠오르면 건져요.

Tip ××××××××××××××××××××××××××××××××××××× ××××××

나토는 미끈미끈한 느낌과 특유의 냄새 때문에 처음 접하는 아이들은 안 먹으려고 하지만, 길게 늘어지는 나토의 실을 재미나게 연출하다 보면 아이가 재미있어 하며 잘 먹는답니다. 유기농마요네즈를 약간 섞어 버무리면 특유의 냄새도 많이 줄어들고 고소한 맛이 더해져 아이가 먹기 편해요.

미니 주먹밥 도시락 12

꼬마친구들 참치마요주먹밥 도시락
참치마요주먹밥+새우브로콜리달걀말이

Ready

🟢 **참치마요주먹밥**
밥 2/3공기
(밥양념 : 참기름 1/3T,
소금 약간)
참치소(참치(캔) 2/3T,
유기농마요네즈 1/2T,
다진 오이피클 1/3T,
다진 양파 · 다진 파슬리 ·
후추 약간씩
부재료 김 · 검은깨 적당량씩

🟢 **새우브로콜리달걀말이**
달걀 1개, 새우살 다진 것 2/3T,
다진 브로콜리 1/2T, 우유 1/2T,
물 1/2T, 소금 · 흰 후추 약간씩

Recipe

● 참치마요주먹밥

1. 밥에 소금과 참기름을 넣고 고루 섞어둡니다.

2. 기름기를 꼭 짜낸 참치와 참치소 재료들을 한데 넣어 고루 섞어요.

3. 손에 위생장갑을 끼고 양념한 밥을 조금씩 덜어 동글납작하게 만든 뒤 참치소를 조금씩 가운데에 올려 동그랗게 감싼 다음 삼각형으로 모양을 잡아요.

4. 김밥용 구이김을 모양 내어 잘라 주먹밥에 붙이고, 검은깨를 윗면에 적당량 묻혀 주먹밥을 완성해요.

● 새우브로콜리달걀말이

5. 소금을 약간 넣은 물이 끓으면 브로콜리를 넣고 10초 정도 데친 뒤 바로 찬물에 헹궈 잎 부분만 다져서 준비해요.

6. 새우는 껍질과 내장을 제거하고 곱게 다져 준비해요(손질된 새우살이나 칵테일새우를 이용하면 간편합니다).

7. 달걀에 다진 브로콜리와 새우살을 넣고 나머지 재료를 모두 넣어 젓가락으로 휘휘 저어 고루 섞어요(달걀말이에 우유를 조금 넣으면 부드럽고 달걀 비린내를 잡아줍니다).

8. 기름을 조금 두른 팬이 충분히 달궈지면 불을 약하게 줄인 뒤 달걀말이 재료를 붓고, 달걀이 80% 정도까지 익으면 젓가락을 이용해 끝에서부터 돌돌 말아 달걀말이를 완성해요. 완전히 식은 뒤 먹기 좋게 잘라 도시락에 담아요.

Tip ××××××××××××××××××××××××
김과 검은깨로 간단하게 주먹밥에 모양을 내보세요. 김펀치가 없어도 조금만 수고하면 가위로 금방 만들 수 있답니다.

미니 주먹밥 도시락 13

현미치킨아란치니 도시락
현미치킨아란치니+허브식빵러스크+파인애플구이

Ready

🟢 **현미치킨아란치니**
현미밥 2/3공기, 닭가슴살 30g
(밑간 : 소금·후추 약간씩),
노란색·빨간색
파프리카 다진 것
각각 1T, 다진 양파 1T,
모차렐라치즈 1T, 홀토마토 3T,
유기농설탕 1/3T,
소금·후추 약간씩
튀김옷 쌀가루 1T, 달걀 1/2개,
생빵가루 4T, 파슬리가루 약간

🟢 **허브식빵러스크**
식빵 1쪽, 올리브기름 1/3T,
건오레가노(또는 바질가루)
약간

🟢 **파인애플구이**
미니파인애플 2~3조각

Recipe

🟢 **현미치킨아란치니**

1 쌀과 현미를 4:1 비율로 섞어 현미밥을 지어요.

2 닭가슴살은 잘게 다진 뒤 소금·후추를 약간씩 뿌려 밑간해요.

3 팬에 기름을 약간 두르고 밑간한 닭가슴살을 볶아요. 1에 다진 파프리카와 다진 양파, 현미밥을 넣고 볶은 뒤 홀토마토와 유기농설탕, 소금, 후추를 약간 넣고 잠깐 볶아요.

4 볶은 밥을 한 김 식힌 뒤 모차렐라치즈를 넣어 섞어요.

5 4의 밥을 손에 조금씩 덜어 라이스볼을 만들어요.

6 5를 쌀가루 → 달걀물 → 파슬리가루 섞은 생빵가루 순으로 옷을 입혀 170도 정도의 튀김기름에 노릇하게 튀겨요.

🟢 **허브식빵러스크**

7 식빵 앞뒷면에 요리붓으로 올리브기름을 살짝 발라요.

8 7에 건오레가노를 솔솔 뿌려 토스터기에 약간 노릇하게 구워요. 토스터기에서 꺼내 한 김 식힌 뒤 손에 쥐고 먹기 좋도록 1cm 너비로 길게 잘라 넣어요.

🟢 **파인애플구이**

9 파인애플을 기름을 두르지 않은 팬에 앞뒤로 뒤집어가며 살짝 구운 뒤 완전히 식혀 도시락에 담아요.

Tip ××××××××××××××××××××
닭고기 대신 소고기를 넣고 만들어도 맛있고, 버섯을 잘게 다져넣고 만들어도 잘 먹는답니다. 크림소스도 활용해서 만들어보세요.

미니 주먹밥 도시락 14

카레주먹밥 도시락
카레주먹밥+양송이치즈구이

Ready

◉ **카레주먹밥**
밥 2/3공기, 소고기다짐육 1T,
다진 양파 2/3T,
다진 당근 1/3T,
다진 브로콜리 2/3T,
순카레가루 1/3T,
소금 · 유기농설탕 약간씩

◉ **양송이치즈구이**
양송이 5개, 다진 양파 1T,
노란색 · 빨간색 파프리카
각각 1T,
유기농토마토케첩 1/2T,
아가베시럽 1/3T,
슬라이스치즈 1/2장,
파슬리가루 약간

Recipe

카레주먹밥

1 다진 소고기를 달구어진 팬에 넣고 센 불에 재빨리 볶아요.

2 1에 다진 양파와 다진 브로콜리, 다진 당근을 넣어 볶아요.

3 양파가 투명하게 익으면 밥과 순카레 가루를 넣어 잠깐 더 볶고 소금간을 살짝 한 뒤 설탕을 약간 넣어 마저 볶아요.

4 볶은 밥이 한 김 식으면 손에 조금씩 덜어 먹기 좋은 크기로 주먹밥을 만들어요.

양송이치즈구이

5 양송이는 키친타월로 겉면을 살짝 닦고 기둥을 떼어낸 뒤 속을 약간 파서 준비해요.

6 팬에 양송이 속 파낸 것과 다진 양파, 다진 파프리카를 넣어 잠깐 볶아요. 케첩과 아가베시럽을 넣고 불을 끈 뒤 잘 버무려요.

7 5의 양송이에 6의 속재료를 조금씩 떠 넣어요.

8 슬라이스치즈를 잘라 위에 얹고 파슬리가루를 살짝 뿌린 뒤 팬에 올려 약한 불에서 치즈가 녹을 때까지 익혀요. 오븐을 사용할 때는 200도로 예열한 오븐에 넣어 5~7분 익혀요.

Tip ×××××××××××××××××××××
모차렐라치즈는 식으면 굳어서 맛이 덜하니 일반 슬라이스치즈를 이용하세요.

표고버섯조림주먹밥 도시락

표고버섯조림주먹밥+흰살생선치즈 미니전+참나물

미니 주먹밥 도시락 15

Ready

◉ **표고버섯조림주먹밥**
밥 2/3공기, 단촛물(식초 1/2T, 설탕 1/2T, 소금 약간)
표고버섯조림 생표고버섯 2개, 진간장 1/3T, 아가베시럽 1/3T, 참기름·다진 마늘 약간
부재료 데친 참나물 줄기 조금

◉ **흰살생선치즈 미니전**
동태살 30g
(밑간 : 소금·후추 약간),
쌀가루 1/2T
달걀물 달걀 1/2개,
파마산치즈 1/2T,
파슬리가루 1/4T

◉ **참나물**
참나물 데친 것 1.5T,
소금·참기름·통깨 약간씩

128

Recipe

표고버섯조림주먹밥

1. 표고버섯은 기둥은 떼어내고 2mm 정도 두께로 슬라이스한 뒤 끓는 물에 데쳐요.

2. 팬에 데친 표고버섯과 표고버섯조림 재료를 모두 넣고 약한 불에서 조려요.

3. 단촛물 재료를 팬에 넣어 설탕이 녹을 때까지만 끓인 뒤 뜨거운 밥에 조금씩 넣어가며 섞고, 수분이 어느 정도 날아가면 검은깨를 뿌려 초밥을 만들어요.

4. 손에 위생장갑을 끼고 초밥을 조금씩 덜어내어 조물조물해서 주먹밥을 만들어요.

5. 4에 2를 한 장씩 올리고 데친 참나물 줄기로 묶어요. 초밥이 서로 들러붙지 않도록 종이호일을 잘라 하나씩 감싸요.

흰살생선치즈 미니전

6. 동태살은 반해동된 상태에서 먹기 좋은 크기로 잘라 소금·후추를 조금 뿌려 밑간해요.

7. 밑간한 동태살에 쌀가루를 고루 묻혀요.

8. 달걀에 파마산치즈와 파슬리가루를 넣어 달걀물을 만들어요.

9. 달군 팬에 기름을 두르고 달걀물에 적신 동태살을 노릇하게 부쳐요.

참나물

10. 참나물을 끓는 소금물에 6~7초만 데친 뒤 바로 찬물에 헹궈 물기를 꼭 짜서 먹기 좋게 썬 다음 소금과 참기름, 통깨를 넣어 버무려요.

Tip ××××××××××××××××××
주먹밥을 묶을 때 너무 세게 잡아당겨 묶으면 주먹밥이 부서질 수 있어요. 약간 풀어주거나, 혹은 김을 둘러준 뒤 표고버섯조림을 얹은 다음 묶어주세요.

미니 주먹밥 도시락 16

해물밥동그랑땡 도시락
해물밥동그랑땡+즉석오이피클+요거트과일샐러드

Ready

해물밥동그랑땡
밥 2/3공기,
오징어다리 다진 것 2/3T,
새우살 다진 것 2/3T, 달걀 1개,
다진 양파 1T, 다진 당근 1/2T,
쪽파 1.5T, 생빵가루 1T,
참기름 1/5T,
다진 마늘·소금 약간씩

즉석오이피클
오이 30g, 올리브기름 1/4T,
식초 1/4T, 유기농설탕 1/4T,
소금·검은깨 약간씩

요거트과일샐러드
사과 30g, 배 30g, 키위 30g,
플레인요거트 1/2T,
크림치즈 1/2T,
아가베시럽 약간

Recipe

● 해물밥동그랑땡

1 오징어다리와 새우살을 잘게 다져 준비해요.

2 밥에 1과 나머지 재료를 모두 넣고 버무려요.

3 기름 두른 팬에 2를 1/2 숟가락씩 떠 넣어 동글납작하게 동그랑땡을 부쳐요. 여러 번 뒤집지 않고, 한쪽이 노릇하게 익으면 뒤집어 나머지 한쪽도 노릇할 때까지 익혀요.

● 즉석오이피클

4 오이를 모양을 살려 얇게 슬라이스한 뒤 소금을 약간 뿌려 절여요.

5 절인 오이의 물기를 살짝 짜서 유기농설탕, 식초, 올리브기름, 검은깨를 넣고 버무려요.

● 요거트과일샐러드

6 사과·배·키위를 사방 1cm 정도로 작게 잘라 준비해요.

7 플레인요거트와 크림치즈, 아가베시럽을 섞어 소스를 만들어 6의 과일에 넣고 버무려요.

Tip ××××××××××××××××××××
동그랑땡에 들어가는 재료는 야채다지기를 이용하면 훨씬 더 쉽고 빠르게 준비할 수 있어요.

PART 4
맛도 모양도 재료도 건강한
샌드위치 도시락

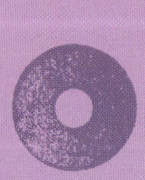

> 맛이나 모양도 중요하지만 조금 더 건강한
> 재료로 건강하게 만든 엄마표 샌드위치 & 버거도시락 메뉴를 소개해요.
> 혼자서도 잘 먹을 수 있도록 너무 크지 않게 만들어야 해요.

샌드위치 도시락 01

게살롤샌드위치 도시락
게살롤샌드위치+알감자구이

Ready

● **게살롤샌드위치**
식빵 2개,
오이 15g(절임 재료 : 식초 1/3T,
유기농설탕 1/3T, 소금 약간),
게살 15g, 슬라이스치즈 1장,
크림치즈 1/2T,
다진 브로콜리 1/3T,
머스터드소스 1/3T,
로메인상추 3~4장

● **알감자구이**
조림용 알감자 5개
(삶을 물 : 물 500mL,
유기농설탕 1T, 소금 1/3T),
올리브기름 1/3T,
파슬리가루 약간

Recipe

● 게살롤샌드위치

1 오이는 돌려 깎아 채 썬 뒤 분량의 절임 재료에 넣고 버무려요. 슬라이스 치즈는 반으로 자르고, 게살은 결대로 찢어 준비해요.

2 크림치즈에 다진 브로콜리를 넣고 섞어 스프레드를 만들어요.

3 식빵은 가장자리를 모두 잘라 깔끔하게 정리해서 밀대로 밀어 펴주세요.

4 밀대로 얇게 민 식빵에 스프레드를 발라요.

5 4 위에 로메인상추 → 치즈 → 머스터드소스 → 게살 순으로 올려요.

6 손으로 돌돌 만 뒤 종이포일이나 식품지로 감싸 말아 도시락에 담아요.

● 알감자구이

7 감자는 겉에 묻은 흙을 깨끗하게 씻어내고 분량의 삶는 물 재료에 넣어 10~12분 삶아내요.

8 삶은 감자는 뜨거울 때 껍질을 벗겨 올리브기름을 두른 팬에 넣어 굴려가며 노릇하게 구워요. 전체적으로 노릇하게 구워지면 마지막에 파슬리가루를 조금 뿌려 완성해요.

Tip ××
아이들이 가장 먹기 편한 샌드위치가 바로 이렇게 만들어주는 샌드위치죠! 어린아이일수록 이런 식으로 샌드위치를 만들어주면 좋아요. 하나씩 들고 먹기도 편하고 만들기도 간단해요. 이때 만든 지 하루나 이틀 된 부드러운 식빵을 사용하는 것이 좋아요. 며칠 된 식빵은 돌돌 말 때 찢어질 수 있답니다.

샌드위치 도시락 02

달걀오이샐러드크루아상 도시락
달걀오이샐러드크루아상+게살감자크로켓

Ready

🟢 **달걀오이샐러드크루아상**
미니크루아상 2개,
양상추잎 적당량,
미니오이피클 1/2개
달걀오이샐러드 삶은 달걀 1개,
오이 30g,
유기농마요네즈 1/2T,
건포도 1T,
식초 · 소금 · 흰 후추 약간씩

🟢 **게살감자크로켓**
삶은 감자 50g, 게살 15g,
유기농마요네즈 1/2T,
흰 후추 약간
튀김옷 쌀가루 · 달걀물 ·
생빵가루+파슬리가루 적당량

Recipe

달걀오이샐러드크루아상

1. 오이는 돌려 깎은 뒤 잘게 다져 준비해요.

2. 달걀은 삶은 뒤 포크로 대충 으깨요.

3. 으깬 달걀에 다진 오이와 건포도, 나머지 재료를 모두 넣고 버무려요.

4. 미니오이피클을 작게 잘라 준비하고 양상추는 연한 부위를 손으로 대충 잘라 준비해요.

5. 미니크루아상을 반으로 갈라 양상추와 오이피클을 넣고 달걀샐러드를 적당히 채워 넣어요.

게살감자크로켓

6. 감자는 김이 오른 찜솥에 넣어 20분 정도 쪄요.

7. 감자는 삶아서 뜨거울 때 포크로 으깨요.

8. 으깬 감자에 게살을 손으로 찢어 넣고 마요네즈와 흰 후추 약간을 넣어 버무려요.

9. 손에 비닐장갑을 끼고 반죽을 조금씩 덜어 모양을 빚어요.

10. 쌀가루 → 달걀물 → 생빵가루+파슬리가루 순으로 튀김옷을 입혀요.

11. 170~180도의 튀김기름에 넣어 노릇하게 튀겨요.

Tip ××××××××××××××××××××
크루아상은 오븐에 넣어 살짝 데워 사용하면 훨씬 더 맛있는 샌드위치를 만들 수 있어요. 조미게살 대신 냉동대게살 등으로 만들면 건강에 좋은 크로켓을 만들 수 있습니다. 상큼한 망고골드키위주스와 함께 도시락을 담아보세요.

비트단호박구이샌드위치 도시락

비트단호박구이샌드위치+달걀샐러드

Ready

● 비트단호박구이샌드위치
미니치아바타 1개, 비트잎 2장, 비트 뿌리 30g, 단호박 30g, 프레시모차렐라치즈 35g, 크림치즈 1T, 소금 약간.
발사믹소스 발사믹식초 3T, 아가베시럽 1/3T, 소금 약간

● 달걀샐러드
삶은 달걀 1개, 양상추잎 1~2장, 방울토마토 2~3개
발사믹소스 발사믹식초 1/2T, 올리브기름 1/2T, 소금 약간

Recipe

🟢 **비트단호박구이샌드위치**

1. 발사믹식초와 아가베시럽, 소금 약간을 작은 팬에 넣고 1/2 분량이 될 때까지 졸인 뒤 식혀요.

2. 단호박은 껍질과 씨를 제거한 뒤 슬라이스하고, 비트 뿌리는 껍질을 벗겨내고 얇게 썰어요.

3. 2를 기름을 살짝 두른 팬에 넣고 소금을 약간 뿌려 구워요. 미니치아바타(또는 그냥 식빵)를 준비하고 비트잎은 찬물에 씻어 물기를 없애요. 프레시모차렐라치즈는 모양을 살려 둥글게 잘라 준비해요.

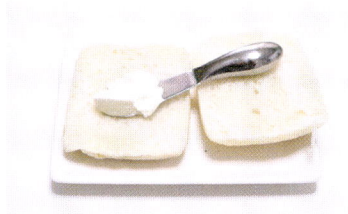
4. 치아바타를 반으로 자른 뒤 크림치즈를 얇게 바릅니다(빵은 구워서 사용해도 좋아요).

5. 치즈를 바른 빵에 비트잎 → 프레시모차렐라치즈 → 구운 비트 뿌리 → 구운 단호박 순으로 올려요.

6. 조려둔 발사믹소스를 소스통에 담아 샌드위치에 살짝 뿌려 완성해요.

🟢 **달걀샐러드**

7. 삶은 달걀은 길게 4등분하거나 원형으로 슬라이스해서 준비하고, 양상추는 손으로 먹기 좋은 크기로 뜯은 뒤 찬물에 담가두고, 방울토마토는 크기에 따라 2~4등분해서 준비해요.

8. 발사믹식초에 소금 조금과 올리브기름을 넣고 섞어서 소스를 만들어요.

9. 소스는 소스통에 따로 담고 유산지컵에 샐러드를 담아 샌드위치 옆에 넣어 도시락을 싸주세요.

Tip ××
비트는 구우면 단맛이 진해지고 연해져 아이가 먹기 편한 상태로 됩니다. 비트를 채 썰어 볶아 넣어주거나 통째로 찜통에 찌거나 오븐에 구워 부드럽게 익힌 뒤 적당한 크기로 잘라 샌드위치를 만들어주면 아이가 먹기에 편해요.

샌드위치 도시락 04

데리치킨치아바타 도시락
데리치킨치아바타+콘샐러드

Ready

◉ **데리치킨치아바타**
미니치아바타 1개,
양상추 · 양파 ·
토마토 슬라이스 적당량,
머스터드 ·
유기농마요네즈 각각 1/3T,
닭다리살 1개
(밑간 : 생강즙 1/4T,
다진 마늘 1/2개 분량,
청주 약간)
데리야끼소스 진간장 1/3T,
유기농흑설탕 1/3T,
물 1T, 요리술 1/3T

◉ **콘샐러드**
옥수수 2T,
노란색 · 빨간색 파프리카
각각 1T,
유기농마요네즈 1/2T,
아가베시럽 ·
파슬리가루 약간씩

Recipe

데리치킨치아바타

1. 닭다리살은 껍질과 지방을 제거한 뒤 2~3등분하여 밑간 재료를 넣고 버무린 다음 10~15분 재워요.

2. 팬에 기름을 두르고 밑간한 닭다리살을 넣어 뒤집어가며 노릇하게 구운 뒤 꺼내요.

3. 팬의 기름기를 닦아낸 뒤 데리야끼소스 재료를 넣어 바글바글 끓으면 구운 닭다리살을 넣고 조려요.

4. 양파는 모양을 살려 자른 뒤 기름을 살짝 두른 팬에 구워 준비해요.

5. 치아바타는 반으로 잘라 기름을 두르지 않은 팬에 살짝 구워요.

6. 치아바타에 마요네즈와 머스터드를 조금 발라요(허니머스터드소스를 발라도 좋아요).

7. 양상추 → 토마토 → 구운 양파 → 데리야끼치킨을 얹고 빵을 덮어 샌드위치를 완성해요.

콘샐러드

8. 옥수수는 찬물에 2~3번 헹궈 물기를 빼어 준비해요.

9. 옥수수에 파프리카를 다져 넣고 아가베시럽 약간과 유기농마요네즈를 넣어 버무려요.

Tip ×××
샌드위치에 오이피클을 조금 넣으면 더 맛있어요. 아이 취향에 따라 재료를 추가해 만들어보세요. 아이가 먹을 샌드위치에 양파를 넣을 때는 될 수 있으면 구워서 쓰세요. 양파의 매운맛 때문에 아이가 먹기 힘들어할 수 있어요.

샌드위치 도시락 05

두부소보로사과샌드위치 도시락
두부소보로사과샌드위치+단호박치즈볼

Ready

🟢 **두부소보로사과샌드위치**
버터롤 2개, 사과 40g,
로메인 3~4장,
머스터드소스 1/2T
두부소보로 부침용두부 50g,
다진 애호박 · 다진 당근 ·
다진 양파 각각 1T,
검은깨 1/4T, 다진 마늘 약간,
진간장 1/3T, 유기농케첩 1/3T,
아가베시럽 1/4T, 참기름 약간

🟢 **단호박치즈볼**
찐 단호박 100g,
슬라이스치즈 1/2장
튀김옷 쌀가루 · 달걀물 ·
생빵가루+파슬리가루 적당량

Recipe

● 두부소보로사과샌드위치

1. 두부는 부침용으로 준비해 손으로 주물러 으깨고 양파·당근·애호박은 잘게 다져 준비해요.

2. 팬에 기름을 두르고 다진 야채와 마늘을 넣어 볶다가 으깬 두부를 넣고 볶아요.

3. 두부의 수분기가 적당히 날아가면 진간장·유기농케첩·아가베시럽·참기름을 넣어 볶고 마지막에 검은깨를 뿌려 완성해요. 완성된 두부소보로는 넓은 접시에 펼쳐 한 김 식혀요.

4. 로메인은 찬물에 씻어 물기를 없애고 사과는 모양을 살려 얇게 잘라요.

5. 빵을 반으로 잘라 사이에 로메인을 끼우고 머스터드소스를 약간 발라요.

6. 사과와 두부소보로를 채워 넣어 샌드위치를 완성해요.

● 단호박치즈볼

7. 단호박은 씨를 긁어낸 뒤 김이 오른 찜통에 넣어 15분 정도 쪄내요.

8. 찐 단호박은 뜨거울 때 포크로 껍질째 으깨요.

9. 손에 비닐장갑을 끼고 단호박을 조금씩 덜어 오목하게 모양을 만든 뒤 그 안에 슬라이스치즈를 조금씩 넣고 오므려 볼을 만들어요.

10. 쌀가루 → 달걀물 → 생빵가루+파슬리가루 순으로 튀김옷을 입혀요.

11. 170~180도의 튀김기름에 넣어 노릇하게 튀깁니다. 기름을 뺀 뒤 도시락에 담아요.

Tip ××××××××××××××××××
미니단호박이 더 달고 맛있어요. 단맛이 부족하면 유기농설탕이나 아가베시럽 등을 넣어 단맛을 더해요.

샌드위치 도시락 06

메이플바나나토스트 도시락
메이플바나나토스트+오렌지소스떡탕수

Ready

● **메이플바나나토스트**
호밀식빵 2장, 바나나 1/2개,
메이플시럽 1T,
아몬드슬라이스 1/2T,
시나몬파우더 약간

● **오렌지소스떡탕수**
조랭이떡 15개, 사과 20g,
키위 1/4개, 양파 10g,
빨간색 파프리카 10g
오렌지소스 오렌지주스 7T,
아가베시럽 1/2T,
소금 · 녹말가루 약간씩

Recipe

● 메이플바나나토스트

1. 메이플시럽을 팬에 넣어 보글보글할 때까지 끓여요.

2. 메이플시럽이 끓으면서 약간 걸쭉해지면 바나나를 잘라 넣은 뒤 불을 끄고 버무려요.

3. 와플팬을 뜨겁게 달구어 기름을 두르지 않은 상태에서 호밀빵을 넣고 양면이 노릇해지도록 구워요.

4. 구운 식빵이 완전히 식으면 바나나조림과 남은 시럽을 모두 올려요. 시나몬파우더와 아몬드슬라이스를 조금 뿌린 뒤 나머지 식빵 한쪽을 덮어요.

5. 4를 먹기 좋게 4등분해서 도시락에 담아요.

● 오렌지소스떡탕수

6. 조랭이떡처럼 작은 떡으로 준비해 미지근한 물에 15~20분 불리거나 끓는 물에 살짝 데쳐 준비해요.

7. 사과와 키위는 껍질을 벗겨 약간 도톰하게 자르고, 파프리카와 양파도 사과와 비슷한 크기로 잘라요.

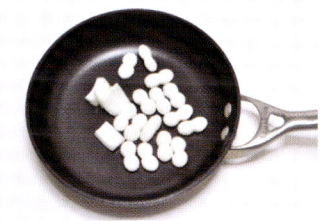

8. 팬에 기름을 약간 두르고 양파와 떡을 넣고 볶은 뒤 따로 꺼내요.

9. 팬에 오렌지주스와 소스 재료를 모두 넣고 걸쭉해질 때까지 끓여요.

10. 걸쭉해진 소스에 떡과 양파를 넣고 나머지 과일과 파프리카도 넣어 고루 버무려요.

11. 완전히 식힌 뒤 쏟아지지 않도록 작은 일회용 용기 등에 담아 도시락에 넣어요.

Tip ××××××××××××××××××××
메이플시럽이 없다면 아가베시럽이나 꿀 등을 넣어도 좋아요. 바나나는 너무 오래 익히면 물러지니 조금만 익히는 게 좋아요. 떡탕수 만들 때 떡을 충분히 불려야 시간이 지나도 딱딱해지지 않아요. 떡에 튀김반죽을 입혀 튀겨내면 더 맛있어요.

미니돈까스버거 도시락

샌드위치 도시락 07

미니돈까스버거+블루베리요거트샐러드

Ready

● **미니돈까스버거**
모닝빵 2개, 청겨자잎 2장,
양파 25g, 토마토슬라이스 2개,
머스터드소스 1/3T

미니돈까스 다진 돼지고기 35g,
소금·후추 약간씩,
튀김옷(쌀가루·달걀물·
생빵가루 조금씩)

간장소스
진간장 1/2T, 식초 1/2T,
아가베시럽 1/3T,
물 1T, 녹말가루 약간

● **블루베리요거트샐러드**
양상추 2장, 블루베리 2T,
딸기 2~3개

블루베리소스
냉동블루베리 5~6알,
시판 플레인요거트 1개,
레몬즙 1/2T, 아가베시럽 1/5T

Recipe

● 미니돈까스버거

1. 다진 돼지고기에 소금과 후추를 약간 넣고 조물조물해서 찰진 느낌이 나도록 반죽해요.

2. 반죽을 조금씩 떼어내 지름 4cm, 두께 0.5cm 되게 완자를 빚어요.

3. 고기완자에 쌀가루 → 달걀물 → 생빵가루 순으로 튀김옷을 입혀요.

4. 180도의 튀김기름에 미니돈까스를 연한 갈색이 날 때까지 튀겨요.

5. 기름을 두르지 않은 팬에 0.3~0.4cm 두께로 슬라이스한 양파를 구워요.

6. 작은 팬에 분량의 간장소스 재료를 넣고 걸쭉한 느낌이 날 때까지 바글바글 끓여 소스를 만들어요.

● 블루베리요거트샐러드

7. 모닝빵은 반으로 갈라 기름을 두르지 않은 팬에 살짝 구워낸 뒤 머스터드소스를 한쪽 면에 바르고 청겨자잎 → 토마토슬라이스 → 구운 양파 순으로 올려요.

8. 튀겨낸 돈까스를 한 김 식혀 올리고 간장소스를 위에 뿌려서 버거를 완성해요.

9. 양상추는 손으로 먹기 좋은 크기로 찢은 뒤 차가운 물이나 얼음물에 넣어두고, 딸기는 꼭지를 떼어내고 먹기 좋은 크기로 잘라 준비해요.

10. 미니믹서에 플레인요거트와 레몬즙, 아가베시럽, 냉동블루베리를 넣고 곱게 갈아 드레싱을 만들어요.

11. 샐러드 용기의 물기를 없앤 뒤 양상추와 블루베리, 딸기를 넣고 드레싱을 뿌려 담아요.

Tip ××××××××××××××××××
미니돈까스는 튀김옷을 입히면 훨씬 두꺼워지므로 너무 크게 만들지 않도록 주의해야 해요. 약간 톡 쏘고 매운맛이 나는 청겨자잎은 육류나 약간 느끼한 재료가 들어가는 샌드위치나 버거에 넣으면 잘 어울려요. 다른 재료들과 섞어 먹을 때는 매운맛이 거의 느껴지지 않으니 걱정하지 않아도 됩니다. 미니돈까스는 밥반찬으로도 좋으니 작게 만들어 냉동실에 넣어두었다가 급할 때 요긴하게 사용해보세요.

샌드위치 도시락 08

콩퓨레버섯라이스버거 도시락
콩퓨레버섯라이스버거+코끼리치킨너겟

Ready

◉ **콩퓨레버섯라이스버거**
볶음밥 밥 1/2공기,
다진 애호박·
다진 당근 각각 2/3T,
검은깨 1/3T, 소금 약간
콩퓨레 병아리콩(완숙 캔 제품)
1T, 유기농마요네즈 1/3T
간장버섯조림 느타리버섯 25g,
양파 20g, 진간장 1/3T,
아가베시럽 1/3T,
참기름·다진 마늘 약간씩
추가재료 비트잎 1장,
미니오이피클 1/2개

◉ **코끼리치킨너겟**
닭안심 2쪽
(밑간 : 유기농설탕 1/4T,
다진 마늘 1개 분량,
소금·후추 약간씩)
튀김옷 쌀가루·달걀물·
생빵가루 적당량

148

Recipe

● 콩퓨레버섯라이스버거

1. 다진 애호박과 다진 당근을 기름 두른 팬에 숨이 죽을 정도로만 볶아요.

2. 밥에 볶은 재료와 검은깨, 소금을 약간 넣고 고루 섞어요.

3. 밥을 2등분해서 각각 6cm 정도 크기로 동글납작하게 만든 뒤 기름을 약간 두른 팬에 앞뒤로 노릇하게 구워요.

4. 팬에 기름을 두르고 손으로 대충 찢은 느타리버섯과 채 썬 양파, 다진 마늘을 넣고 볶아요. 재료가 숨이 살짝 죽으면 나머지 양념 재료를 넣어 볶아요.

5. 병아리콩은 찬물에 2~3번 흔들어 씻은 뒤 겉껍질을 벗기고 포크로 으깬 마요네즈와 버무려 콩퓨레를 만들어요.

6. 밥이 한 김 식으면 비트잎을 찢어 올리고 그 위에 콩퓨레를 적당히 얹어서 펴요.

● 코끼리치킨너겟

7. 간장버섯조림을 얹고 미니오이피클을 얇게 잘라 얹은 뒤 나머지 밥을 얹어요.

8. 밥이 흐트러질 수 있으니 종이포일이나 식품지로 감싸 도시락에 담아요.

9. 닭안심은 힘줄을 잘라내고 칼로 다져 밑간 재료를 넣은 다음 버무려 10분 정도 재워요.

10. 쌀가루 → 달걀물 → 생빵가루 순으로 튀김옷을 입혀요.

11. 코끼리 모양의 틀에 너겟반죽을 넣어 모양을 만들어 빼내요. 170~180도의 튀김기름에 넣고 튀겨내 기름기를 뺀 뒤 도시락에 담아요.

> **Tip** ××××××××××××××××××××
> 너겟은 간이 어느 정도 되어 있기 때문에 그냥 담아줘도 되고, 머스터드소스를 곁들여 담아줘도 돼요. 라이스버거는 먹을 때 으깨질 수 있으니 꼭 종이포일로 충분히 감싼 뒤 도시락에 담아줍니다. 콩퓨레는 검은콩, 대두, 강낭콩 등 어느 것으로 해도 좋아요.

양송이피클불고기샌드위치 도시락

샌드위치 도시락 09

양송이피클불고기샌드위치 + 깨소스샐러드

Ready

◉ **양송이피클불고기 샌드위치**
미니 호밀빵 4조각,
슬라이스치즈 1/2장,
양송이피클(27쪽 피클 레시피 참조)·치커리잎 적당량
불고기 소고기 30g
(밑간 : 진간장 1/4T,
아가베시럽 1/4T, 다진 마늘·
청주·생강즙·참기름 약간씩),
양파 40g(올리브기름 1/3T,
진간장 1/4T)
소스 유기농마요네즈 1/2T,
핫 소스 1~2방울

◉ **깨소스샐러드**
오이 20g, 당근 5g,
양상추잎 1장
참깨소스 참깨 간 것 1/2T,
식초 2/3T, 아가베시럽 1/2T,
올리브기름 1T, 진간장 1/4T

Recipe

● 양송이피클불고기샌드위치

1. 소고기는 불고기감으로 준비해 밑간 재료를 넣어 조물조물해서 15분 정도 재워요.

2. 팬에 올리브기름을 조금 두르고 채 썬 양파를 넣어 볶다 간장으로 간을 해요.

3. 볶은 양파는 따로 덜어내놓고 팬을 닦은 뒤 기름을 조금 두르고 밑간한 소고기를 넣어 볶아내요.

4. 호밀빵은 통으로 구입해 얇게 잘라요. 기름을 두르지 않은 팬에 호밀빵을 올려 살짝 구워요.

5. 유기농마요네즈에 핫소스를 아주 조금만 넣고 섞어 소스를 만들어요.

6. 양송이피클과 치커리, 4등분한 슬라이스치즈를 준비해요.

● 깨소스샐러드

7. 호밀빵에 5의 소스를 조금씩 바르고 치커리 → 치즈 → 볶은 양파 → 불고기 → 양송이피클 순으로 올려 샌드위치를 완성해요.

8. 검은깨를 곱게 갈아 준비해요.

9. 식초, 아가베시럽, 진간장을 잘 섞은 뒤 검은깨와 올리브기름을 넣어 드레싱을 만들어요.

  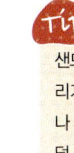

10. 오이와 당근은 얇게 슬라이스하고 양상추는 손으로 먹기 좋게 뜯어낸 뒤 찬물에 잠깐 담가두었다가 물기를 완전히 없애요.

11. 소스는 작은 소스통에 따로 담고 샌드위치와 샐러드를 각각 담아요.

Tip ××××××××××××××××××
샌드위치는 아무리 작게 만들어도 먹을 때 흘리기 쉬우므로 도시락에 담을 때는 꼭 유산지나 종이포일 등으로 감싸야 해요. 샌드위치를 덜 흘리게 만들고 싶다면 크기가 작은 토르티야를 이용하면 좋아요. 잡고 먹기도 편하고 훨씬 덜 흘린답니다. 달걀프라이나 수란을 넣어 만들어도 맛있어요.

통새우튀김버거 도시락

통새우튀김버거+양배추샐러드

Ready

● **통새우튀김버거**
모닝빵 2개, 상추 2장,
토마토슬라이스 2개,
슬라이스치즈 1/2장,
새우 중하 2마리
(밑간 : 소금·후추 약간씩,
튀김옷 : 쌀가루 1T, 달걀물 1T,
생빵가루 2T)

타르타르소스
유기농마요네즈 2.5T,
머스터드 1/3T,
아가베시럽 1/2T,
삶은 달걀노른자 1/2개,
다진 오이피클 1/2T,
흰 후추 약간

● **양배추샐러드**
적양배추 10g, 양배추 15g,
옥수수 1T, 식초 1T,
아가베시럽 1/3T,
포도씨기름 1/2T, 소금 약간

Recipe

● 통새우튀김버거

1. 새우는 내장을 빼낸 뒤 머리와 껍질을 떼어 준비해요.

2. 손질한 새우에 소금을 약간 뿌려 5분 정도 재운 뒤 쌀가루→달걀물→생빵가루 순으로 튀김옷을 입혀요.

3. 170~180도의 튀김기름에 새우를 넣어 약간 노릇한 색이 날 때까지 재빨리 튀겨요.

4. 모닝빵은 반으로 자른 뒤 기름을 두르지 않은 팬에 안쪽 부분만 살짝 구워 준비하고, 치즈는 4조각 내고, 토마토는 얇게 썰고, 상추는 찬물에 담가두었다가 꺼내 물기를 완전히 없애요.

5. 분량의 타르타르소스 재료를 모두 섞어 준비해요.

6. 모닝빵에 상추→토마토→슬라이스치즈 순으로 넣어요.

7. 새우튀김을 넣은 뒤 타르타르소스를 적당량 넣어 버거를 완성해요.

● 양배추샐러드

8. 두 가지 색의 양배추를 짧고 가늘게 채 썰어 소금을 약간 뿌려 절여요.

9. 절인 양배추에서 물이 나오면 버리고 옥수수·식초·아가베시럽을 넣어 섞은 뒤 마지막에 포도씨기름을 조금 섞어 샐러드를 만들어요.

10. 작은 그릇에 샐러드를 따로 담아 도시락에 넣어요.

Tip 새우버거를 버거전문점에서 파는 것처럼 만들어주려면, 다진 새우에 빵가루·달걀·다진 양파·다진 당근·소금·후추 등을 넣어 반죽해서 둥글게 모양을 빚어 튀김옷을 입혀 튀기거나 튀김옷을 입히지 않고 팬에 바로 지져낸 뒤 나머지는 같은 방법으로 만들면 돼요.

샌드위치 도시락 11

스테이크버거 도시락
스테이크버거+단호박마카로니

Ready

● **스테이크버거**
모닝빵 2개,
토마토 · 미니파인애플 ·
양상추 조금씩
함박스테이크 다진 소고기 30g,
다진 돼지고기 30g,
다진 양파 35g,
다진 브로콜리 5g, 진간장 1/3T,
생빵가루 1T, 메추리알 1개,
흰 후추 · 소금 · 넛맥 약간씩
소스 1 유기농케첩 1/3T,
아가베시럽 1/3T, 물 1T
소스 2 유기농마요네즈 1/2T,
피클 다진 것 1/3T,
머스터드 1/5T

● **단호박마카로니**
마카로니 30g, 단호박 찐 것 2T,
우유 3T, 슬라이스치즈 1/2장,
유기농설탕 · 파슬리가루 ·
소금 약간씩

Recipe

● 스테이크버거

1 함박스테이크 반죽을 볼에 넣어 손으로 치대며 찰기가 생길 때까지 반죽해요.

2 반죽이 다 되면 지름 5~6cm, 두께 0.7cm 정도 크기의 함박스테이크 모양을 빚어요.

3 달구어진 팬에 기름을 약간 두르고 함박스테이크를 넣어 앞뒤로 뒤집어 가며 익혀요.

4 다른 팬에 소스 1 재료를 넣어 끓이다 함박스테이크를 넣고 소스를 끼얹어 가며 마저 익혀요.

5 모닝빵은 끝을 약간 남기고 반으로 갈라 기름을 두르지 않은 팬에 안쪽 부분을 구워 준비해요.

6 소스 2 재료를 한데 넣어 섞어요.

7 살짝 구운 모닝빵에 양상추 → 토마토 슬라이스 → 미니파인애플슬라이스 → 함박스테이크 순으로 올리고 소스 2를 바른 뒤 양상추 잎을 다시 한 번 올려 버거를 완성해요.

● 단호박마카로니

8 단호박은 반으로 잘라 속의 씨를 모두 긁어낸 뒤 내열그릇에 담고 젖은 면보나 키친타월을 덮은 다음 전자레인지에 넣어 7~8분 익혀요.

9 마카로니는 끓는 물에 넣어 삶아요.

10 단호박 찐 것을 속의 노란색만 긁어내 우유, 슬라이스치즈, 유기농설탕과 함께 끓여요.

11 10의 소스가 약간 걸쭉해지면 삶아 놓은 마카로니를 넣어 섞고 파슬리 가루와 소금을 약간 더해 완성해요.

Tip ××××××××××××××××××××
샌드위치를 도시락에 넣으려고 만든다면 빵이 눅눅해지지 않도록 살짝 구워서 사용하는 것이 좋아요. 식빵은 토스터기에 살짝만 구워 사용하고, 모닝빵처럼 두께가 있는 빵은 기름을 두르지 않은 팬에 안쪽 부분만 잠깐 구워냅니다.

샌드위치 도시락 12

시금치수란샌드위치 도시락
시금치수란샌드위치+오렌지샐러드

Ready

◉ **시금치수란샌드위치**
식빵 2쪽, 달걀 1개(물 4~5T),
시금치 30g(올리브기름 1/2T,
소금·다진 마늘 약간씩),
베이컨 20g, 머스터드 1/2T
소스 플레인요거트 1/2T,
크림치즈 1/2T, 견과가루 1/2T

◉ **오렌지샐러드**
오렌지 1개, 어린잎 채소 15g
드레싱 오렌지즙 2T,
올리브기름 1T, 식초 1/2T,
아가베시럽 1/3T,
다진 적양파 1/3T, 소금 약간

Recipe

◎ 시금치수란샌드위치

1. 코팅팬을 예열한 뒤 기름을 두르지 않은 상태에서 달걀을 깨뜨려 넣어요.

2. 달걀이 살짝 익으면 따뜻한 물을 조금씩 부은 다음 뚜껑을 덮어 약한 불에서 천천히 익혀요.

3. 팬에 올리브기름을 조금 두르고 손질한 시금치와 다진 마늘을 넣어 볶다가 숨이 약간 죽으면 소금 간을 한 뒤 볶아냅니다. 볶은 시금치는 먹기 좋게 썰어요.

4. 기름을 두르지 않은 팬에 베이컨을 넣고 기름기가 빠지도록 살짝 구워요.

5. 식빵은 기름을 두르지 않은 팬에 올려 살짝 구워내고, 분량의 소스 재료를 섞어요.

6. 식빵에 소스를 적당량 바르고 시금치 → 수란 → 베이컨을 올린 뒤 나머지 식빵 한쪽에는 머스터드를 발라 덮어요.

◎ 오렌지샐러드

7. 종이포일로 감싼 뒤 끈으로 묶고 샌드위치를 잘라 도시락에 담아요.

8. 오렌지는 양끝을 잘라내고 칼을 세워 겉껍질을 잘라요.

9. 껍질을 잘라낸 오렌지 과육 사이사이에 칼집을 넣어 알맹이만 분리해요.

10. 알맹이를 잘라내고 남은 오렌지는 손으로 꾹 짜 즙을 만든 뒤 나머지 소스 재료를 모두 섞어 드레싱을 만들어요.

11. 어린잎을 찬물에 담가두었다가 물기를 털어 샐러드컵에 담고 오렌지 알을 올려요. 드레싱은 소스통에 담아요.

Tip ××××××××××××××××××
수란을 만들 때 코팅팬을 사용하면 시간도 절약할 수 있고 훨씬 간편하게 담백한 수란을 만들 수 있어요. 수란을 만들어 볶음밥 등에 얹어주어도 좋아요.

아보카도샌드위치 도시락
아보카도샌드위치+소고기브로콜리간장파스타

Ready

● **아보카도샌드위치**
식빵 1쪽, 아보카도 1/4개
(양념 : 유기농설탕 1/3T,
식초 1/3T, 소금 약간),
잎채소 2장,
토마토슬라이스 2조각,
슬라이스치즈 1/2장,
마요네즈 1/3T

● **소고기브로콜리간장파스타**
스파게티면 30g,
다진 소고기 20g,
데친 브로콜리 20g,
양파 10g, 다진 마늘 1/2개 분량,
간장 1/3T,
아가베시럽 · 참기름 · 후추 ·
검은깨 약간씩,
올리브기름 1/3T+1/2T

Recipe

🥑 아보카도샌드위치

1 아보카도는 반으로 잘라 씨와 껍질을 없앤 뒤 으깨요.

2 으깬 아보카도에 유기농설탕·식초·소금을 넣고 고루 섞어요.

3 식빵은 기름을 두르지 않은 팬에 앞뒤로 살짝 구워낸 뒤 4조각내요.

4 식빵 4조각 중 2조각에 마요네즈를 조금씩 바른 뒤 잎채소→토마토슬라이스→슬라이스치즈 순으로 올려요.

5 2의 아보카도를 올리고 나머지 식빵 2조각을 각각 올려 샌드위치를 완성해요.

🥑 소고기브로콜리간장파스타

6 스파게티는 끓는 물에 소금을 약간 넣고 삶아낸 뒤 물기를 빼고 올리브기름 1/3T을 살짝 뿌려 버무려요.

7 올리브기름 1/2T을 두른 팬에 다진 마늘과 채 썬 양파를 넣고 향이 나도록 1분 정도 타지 않게 볶아요. 여기에 다진 소고기를 넣고 볶아요.

8 삶아둔 스파게티와 데친 브로콜리를 넣어 잠깐 볶고 간장·아가베시럽·참기름·후추를 넣어 볶은 다음 마지막에 검은깨를 뿌려요.

Tip ××××××××××××××××××
아보카도는 색이 금방 갈변하고 산패하기 쉬워요. 게살과 함께 김밥이나 롤을 만들거나 샐러드에 활용하는 등 최대한 빨리 소비하는 게 좋아요.

샌드위치 도시락 14

연근참치샌드위치 도시락
연근참치샌드위치+연근너겟

Ready

◉ **연근참치샌드위치**
버터롤 2개, 치커리잎 적당량
참치샐러드 참치 2T,
오이 20g(소금 약간), 양파 20g,
유기농마요네즈 2/3T,
머스터드·후추 약간씩
연근초절임 연근 10g,
식초 1/3T, 유기농설탕 1/3T,
소금 약간

◉ **연근너겟**
연근 130g, 당근 40g, 전분 1T,
생빵가루 1.5T, 소금 약간

160

Recipe

● 연근참치샌드위치

1. 연근을 슬라이서로 슬라이스한 뒤 초절임 재료와 섞어 맛이 배도록 냉장고에 재워요.

2. 오이는 얇게 슬라이스하거나 채 썰어 소금을 조금 뿌려 절였다가 물이 나오면 따라 버려요.

3. 양파는 얇게 채 썬 뒤 기름을 조금 두른 팬에서 숨이 죽을 때까지 볶아요.

4. 기름기 뺀 참치와 절인 오이, 볶은 양파에 나머지 샐러드 재료를 넣고 버무려요.

5. 빵은 반으로 잘라 준비하고 치커리 잎은 찬물에 씻어 물기를 완전히 없애요.

6. 빵 사이에 치커리와 연근초절임을 조금씩 넣어요. 4의 참치샐러드를 적당히 채워 넣고 샌드위치를 완성해요.

● 연근너겟

7. 연근은 껍질을 벗겨낸 뒤 대충 썰어 찬물에 담가두어요.

8. 믹서에 연근과 대충 썬 당근을 함께 넣고 곱게 갈아요(강판에 갈아도 좋아요).

9. 8의 재료에 전분과 생빵가루, 소금을 넣어 섞은 뒤 동그랗게 경단을 만들어요.

10. 150~160도의 튀김기름에 넣어 천천히 노릇하게 튀겨내 기름기를 뺀 뒤 도시락에 담아요.

Tip 연근은 슬라이스한 뒤 찬물에 여러 번 헹궈 전분기를 빼고 사용하는 게 좋아요. 연근너겟을 너무 높은 온도에서 단시간에 튀기면 속은 익지 않고 겉만 탈 수 있으므로 조금 낮은 온도에서 천천히 충분히 튀겨야 해요. 연근볼 크기를 너무 크게 하면 속이 덜 익을 수 있으니 작게 만들어 튀겨요.

샌드위치 도시락 15

치킨가라아게랩 도시락
치킨가라아게랩 + 고구마상투과자

Ready

● 치킨가라아게랩
8인치 토르티야 1장,
비트잎·겨자잎 1~2장씩,
노란색·빨간색
파프리카 각각 10g,
적양파 3g, 머스터드소스 1T
치킨가라아게
닭다리살 1개 밑간(진간장 1/4T,
유기농설탕 1/4T, 청주 1/4T,
생강즙·마늘·소금 약간씩)
튀김옷 박력분 1/5T, 전분 1/2T,
달걀 1T(또는 메추리알 1개)

● 고구마상투과자
찐고구마 120g, 무염버터 1/2T,
우유 1T, 달걀노른자 1/2개,
유기농설탕 1/3T

Recipe

치킨가라아게랩

1. 닭다리살은 껍질과 지방을 떼어내고 3등분한 뒤 분량의 밑간 재료를 섞어 10~15분 재워요.
2. 양념에 재운 닭다리살에 튀김옷 재료를 넣어 조물조물해요.
3. 180도의 튀김기름에 닭다리살을 넣어 노릇하게 튀겨요. 1차로 약간 노릇한 색이 나도록 튀긴 뒤 5분 정도 있다 다시 튀기면 더욱 바삭하고 맛있어요.

4. 적양파는 얇게 채 썰어 매운기가 빠지도록 찬물에 담가두었다가 건져 물기를 빼요.
5. 토르티야는 기름을 두르지 않은 팬에 올려 살짝만 구워요.
6. 반으로 자른 토르티야에 비트잎과 치커리잎을 적당히 잘라 올리고 적양파, 채 썬 파프리카를 얹어요.

7. 머스터드소스를 얹고 튀겨낸 치킨가라아게를 얹어 돌돌 말아 샌드위치를 완성해요.
8. 종이컵이나 미니머핀컵에 샌드위치를 담은 뒤 도시락에 넣으세요.

고구마상투과자

9. 찐고구마를 뜨거울 때 포크로 곱게 으깨요. 으깬 고구마에 무염버터와 우유, 나머지 재료들을 넣고 잘 섞어요.

10. 짜주머니에 깍지를 끼우고 고구마 반죽을 채워 넣은 뒤 유산지를 깐 팬에 지름 1.3cm 정도 너비로 반죽을 짜요.
11. 170~180도로 예열한 오븐에 넣어 15분 정도 노릇한 색이 나도록 구워내 도시락에 담아요.

> **Tip** ××××××××××××××××××
> 아이가 치킨을 좋아한다면 좀 더 많이 튀겨 도시락에 함께 담아주세요. 머스터드소스도 좋지만 시판되는 질 좋은 스위트칠리소스를 이용해도 괜찮아요. 고구마 대신 감자로 상투과자를 만들어도 담백하고 맛이 좋답니다. 아이들 군것질거리로 담아주면 좋아요.

샌드위치 도시락 16

검은깨두부마요네즈샌드위치 도시락
검은깨두부마요네즈샌드위치+콩샐러드

Ready

● 검은깨두부마요네즈 샌드위치
곡물식빵 1개,
프레시모차렐라치즈 30g,
당근 20g, 가지 20g,
새송이버섯 20g, 주키니 20g,
새싹채소 약간,
올리브기름 적당량

검은깨두부마요네즈
두부 100g, 검은깨 1/2T,
카놀라유 1.5T,
화이트와인식초 1T,
아가베시럽 1T, 소금 약간

● 콩샐러드
병아리콩(시판 제품) 1T,
레드빈(시판 제품) 1T,
데친 그린빈 2개,
삶은 검은콩 1T(검은콩 1/4컵,
유기농설탕 1.5T, 소금 약간,
물 1.5컵)

소스 검은깨두부마요네즈에서 검은깨만 제외하고 만들어 사용

Recipe

● 검은깨두부마요네즈샌드위치

1. 미니믹서에 검은깨를 제외한 두부마요네즈 재료를 넣고 곱게 갑니다.
2. 검은깨를 곱게 간 뒤 완성된 두부마요네즈를 적당량 덜어 섞어요.
3. 준비한 야채들은 가늘게 썰어요.

4. 팬에 올리브기름을 바르고 야채에 소금과 후추를 약간씩 뿌려가며 구워요.
5. 식빵에 올리브기름을 약간 발라 토스터기에 넣어 노릇해지도록 구워요.
6. 구운 식빵에 검은깨두부소스를 적당량 바르고 구운 야채를 올려요.

● 콩샐러드

7. 프레시모차렐라치즈와 새싹채소를 조금 얹고 나머지 식빵 한쪽에 검은깨두부마요네즈를 발라 얹어요.
8. 샌드위치를 살짝 눌러 꼬치를 꽂고 테두리를 잘라낸 다음 2~4등분하여 도시락에 담아요.
9. 검은콩은 하룻밤 충분히 불린 뒤 물을 부어 1시간~1시간 30분 푹 삶아요. 콩이 부드럽게 익으면 유기농설탕과 소금을 넣고 더 삶아냅니다.

10. 병아리콩과 레드빈은 흐르는 물에 여러 번 헹궈 사용해요.
11. 병아리콩, 검은콩, 레드빈과 소금물에 살짝 데친 그린빈을 먹기 좋은 크기로 썰어 넣고 두부마요네즈를 적당량 넣어 버무려 샐러드를 완성해요.

Tip ××××××××××××××××××
기본 두부마요네즈에 호두, 아몬드 등 여러 가지 재료를 섞어 다양하게 활용할 수 있어요. 야채를 많이 넣거나 두껍게 썰어 만들면 샌드위치가 두꺼워져 아이가 먹을 때 불편해요. 콩은 압력솥에 삶으면 시간을 훨씬 절약할 수 있고, 캔제품이라도 흐르는 물에 잘 헹궈 사용하면 안심하고 먹일 수 있어요. 요즘엔 유기농제품이 많이 나와 있으니 요령껏 선택해서 사용해보세요. 아이가 콩을 싫어한다면 그린빈을 제외한 콩을 믹서에 넣고 곱게 갈아 퓨레로 만들어 먹여보세요.

PART 5

아이가 자랑하고 싶어하는
스페셜&캐릭터 도시락

❝ 좀 더 근사한 도시락, 좀 더 귀엽고 앙증맞은 도시락 레시피들을 담았어요.
엄마 손이 더 가게 하지만 아이들이 가장 좋아하는 도시락이에요.
제 아이도 여기 있는 도시락들을 싸줄 때면 다음 날은 또 어떤 도시락을 싸달라는 둥
특별주문을 하곤 해요. 조금 서툴러도, 시간이 걸려도 아이가 좋아한다면
한번쯤 도전해보는 것도 좋지 않을까요? ❞

스페셜 & 캐릭터 도시락 01

꽃삼각주먹밥 도시락
꽃삼각주먹밥+두부김치전

Ready

● 꽃삼각주먹밥

밥 2/3공기
(밑간 : 소금·참기름)
주먹밥 속재료 야채참치소
(참치 1/2T, 다진 애호박 1/2T,
다진 양파 1/2T, 다진 당근 1/3T,
다진 옥수수 1/2T,
유기농케첩 1/2T,
아가베시럽 1/3T, 고추장 1/6T)
(자세한 레시피는 25쪽 참조)
당근초절임 당근 15g, 절임물
(식초 1/3T, 유기농설탕 1/3T,
소금 약간)
꾸미기 재료 김·스파게티면

● 두부김치전

부침용 두부 50g,
다진 김치 1.5T, 달걀 2T,
밀가루 1T, 다진 파 1T,
다진 마늘 1개 분량, 소금 약간

Recipe

● 꽃삼각주먹밥

1. 밥에 소금과 참기름을 조금 넣어 섞어요.

2. 양념한 밥을 2등분한 뒤 각각 야채참치소를 조금 넣고 오므려 삼각형 주먹밥을 만들어요.

3. 당근을 얇게 잘라 모양틀로 찍어 꽃모양을 낸 뒤 절임물 재료에 넣어 맛이 들게 해요.

4. 삼각형으로 만든 주먹밥에 김밥용 구이김을 잘라 밑부분에 두르고 스파게티면을 이용해 초절임한 당근으로 주먹밥을 장식해요.

● 두부김치전

5. 김치는 소를 깨끗이 씻어낸 뒤 잘게 다져 준비해요.

6. 으깬 두부에 다진 김치와 나머지 재료를 모두 넣어 반죽해요.

7. 기름 두른 팬에 반죽을 1/2숟가락씩 떠놓고 뒤집어가며 노릇하게 부쳐요.

8. 도시락 용기에 잎채소를 조금 깔고 꽃삼각주먹밥을 담은 뒤 두부김치전을 담고 빈 공간에 곁들이 반찬과 과일 등을 담아요.

Tip ××××××××××××××××××
주먹밥에 꽃모양 당근초절임으로 모양을 내면 예쁘게 장식도 되지만 새콤달콤한 맛을 더해 주먹밥을 더욱 맛있게 만들어줍니다. 주먹밥이 느끼하게 느껴진다면 이렇게 초절임한 야채를 활용해 보기에도 좋고 맛도 좋은 주먹밥을 만들어보세요.

라이스컵케이크 도시락

라이스컵케이크+애호박마른새우볶음

스페셜 & 캐릭터 도시락 02

Ready

● **라이스컵케이크**
밥 2/3공기(양념 : 참기름 약간)
주먹밥 속재료
야채소고기볶음소
(주먹밥속 재료 레시피
24쪽 참고),
슬라이스치즈 1/2장,
달걀지단(달걀 1/2개),
당근초절임(당근 10g,
식초 1/3T, 유기농설탕 1/3T,
소금 약간)

● **애호박마른새우볶음**
애호박 65g(절임 소금 약간),
마른새우 3g, 아가베시럽 1/5T,
다진 파 1/2T, 다진 마늘 1/4T,
통깨 · 참기름 약간씩

Recipe

🍊 애호박마른새우볶음

1. 애호박은 부채꼴로 썰어 소금으로 살짝 절인 다음 물기를 닦아내요.

2. 마른새우는 기름을 두르지 않은 팬에서 살짝 볶아 그릇에 덜어내요.

3. 팬에 기름을 조금 두르고 다진 마늘과 절인 호박을 넣고 볶아요.

4. 호박 숨이 죽으면 마른새우와 다진 파, 통깨, 아가베시럽을 넣어 볶고 마지막에 참기름을 한두 방울 뿌려요.

🍊 라이스컵케이크

5. 달걀지단을 얇게 부쳐 모양틀로 찍어 꽃모양 원을 두 가지 크기로 각각 2장씩 만들고, 당근은 얇게 썬 뒤 모양틀로 자르고, 스파게티면을 1개 정도 준비해요.

6. 꽃모양으로 자른 당근은 절임물 재료에 넣어 절여요.

7. 양념한 밥은 2등분한 뒤 각각 야채소고기볶음소를 넣고 오므려 동그랗게 주먹밥을 만들어요.

8. 주먹밥에 슬라이스치즈 1/4 조각을 올리고 그 위한 잘라놓은 지단 중 큰 것을 올린 뒤 전자레인지에 넣고 10초 정도 데워요.

9. 치즈가 부드러워지면 랩을 씌워 주먹밥에 치즈와 지단을 단단히 붙여요.

10. 9의 주먹밥에 나머지 작은 지단을 올리고 절임물에 절여놓은 꽃당근을 스파게티면에 꽂아 장식하고 어울리는 피크닉 픽으로 장식해요.

11. 라이스컵케이크를 실리콘머핀컵에 담아 도시락에 넣고 나머지 곁들이 반찬과 과일 등을 채워 도시락을 완성해요.

Tip ××××××××××××××××××

아이 생일날 이용하기 좋게 도시락을 만들어보았어요. 여기에 종이를 예쁘게 오려 짧은 문구를 적어주거나, 생일을 뜻하는 그림이나 특별한 그림 등을 그려 컵케이크에 꽂아 장식해서 도시락을 만들어보세요! 아이에게는 더없이 특별한 도시락이 될 거예요.

171

리락쿠마주먹밥 도시락
리락쿠마주먹밥+구운소고기감자크로켓+지단 꽃

Ready

● 리락쿠마주먹밥
밥 1/2공기(밑간 : 진간장 1/3T,
참기름 약간)+밥 1/3공기
(소금·참기름 약간씩),
소고기소 1/2분량
꾸미기 재료
김·달걀지단·햄 조금씩
주먹밥 속재료
야채소고기볶음
(다진 소고기 40g,
다진 양파 1T, 다진 애호박 1T)
양념장 진간장 1/3T,
유기농설탕 1/3T,
다진 마늘 1개 분량,
다진 파·후추·생강즙·
청주·참기름 약간씩
(자세한 레시피는 24쪽 참고)

● 구운소고기감자크로켓
삶은 감자 100g, 무염버터 2g,
소고기소 1/2 분량
튀김옷(구이옷) 쌀가루 1T,
달걀 1/2개, 생빵가루 7T,
파슬리가루 1/2T,
오레가노 1/3T·카놀라유 1/2T

● 지단 꽃
달걀 1/2개, 미니햄 2개,
스파게티면 조금

Recipe

🍊 리락쿠마주먹밥

1. 밥 1/2공기 분량에는 진간장과 참기름을 넣어 간을 하고, 밥 1/3공기 분량에는 소금과 참기름을 약간만 넣어 간을 해요.

2. 간장으로 간을 한 주먹밥을 리락쿠마의 귀를 만들 분량을 남겨두고 한데 뭉쳐 안쪽에 야채소고기볶음소를 조금 넣고 오므려 리락쿠마의 얼굴을 만들어요.

3. 남은 간장양념밥으로 귀를 만들어 붙이고 흰밥을 조금 뭉쳐 코를 만들어요. 지단을 귀 안쪽 부분에 붙이고 김을 잘라 코와 눈을 만들어 붙입니다. 남은 흰밥으로 똑같이 만들고 햄을 얇게 잘라 귀에 붙여요.

🍊 구운소고기감자크로켓

4. 삶은 감자를 뜨거울 때 껍질을 벗긴 뒤 포크로 으깨고 무염버터와 소고기소를 넣고 섞어요. 반죽을 2×1cm 정도 크기로 크로켓 모양으로 빚어요.

5. 생빵가루에 파슬리가루와 건오레가노, 카놀라유를 뿌리고 손으로 비벼 섞어요. 크로켓에 쌀가루→달걀물→생빵가루 순으로 옷을 입혀요.

6. 유산지를 깐 오븐팬에 크로켓을 올리고 180도로 예열한 오븐에 넣어 10분 정도 구워요. 도시락에 청겨자잎이나 상추잎을 조금 깔고 리락쿠마를 넣은 뒤 지단 꽃으로 빈 공간을 장식해요.

🍊 지단 꽃

  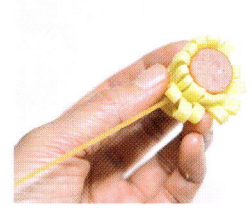

7. 달걀을 젓가락으로 풀어 체에 한 번 내려요. 기름을 두른 팬이 따뜻할 정도로 달궈지면 키친타월로 기름기를 닦아내고 달걀물을 부어 지단을 얇게 부쳐요.

8. 얇게 부친 지단을 직사각형으로 잘라낸 뒤 가운데 부분에 일정한 간격으로 칼집을 넣어요.

9. 지단을 가로로 반으로 접은 뒤 뜨거운 물에 데쳐낸 햄에 돌려 말고 스파게티면을 꽂아 고정해요.

Tip ××××××××××××××××××××××××××××××××× ×××××××
지단으로 꽃 만들기가 조금 번거롭긴 하지만 캐릭터 도시락에 유용해요. 햄을 사용하기 꺼려질 경우엔 데친 그린빈이나 데친 당근을 이용해 같은 방법으로 만들어보세요. 보기에도 예쁘고 조금 더 건강한 캐릭터도시락을 만들 수 있어요.

스페셜 & 캐릭터 도시락 04

마늘간장닭봉+춘권새우라이스 도시락
마늘간장닭봉+춘권새우라이스

Ready

● 마늘간장닭봉
닭봉 3개(밑간 : 소금·후추·
건로즈메리 약간씩),
녹말가루 1.5T,
마늘간장소스 다진 마늘 1/3T,
진간장 1/2T, 아가베시럽 1/2T,
유기농설탕 1/3T, 레몬즙 1/2T,
물 2T, 녹말가루 약간

● 춘권새우라이스
밥 1/2공기,
칵테일새우 2~3마리,
다진 양파 1T, 다진 당근 1/2T,
데친 브로콜리 15g,
다진 마늘 1/2개 분량,
춘권피 3~4장,
올리브기름 1/2T, 소금·
후추 약간씩

174

Recipe

마늘간장닭봉

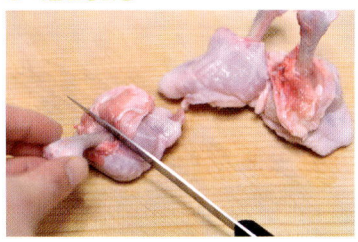

1. 닭봉을 찬물에 씻은 뒤 물기를 없애고 손으로 잡고 먹기 좋도록 닭봉 끝부분의 1/3지점까지 살을 발라 아래로 내려요.

2. 손질한 닭봉에 소금·후추·건로즈메리를 조금씩 넣어 10~15분 그대로 두어요.

3. 밑간한 닭봉에 녹말가루를 고루 입혀 녹말가루가 닭봉의 수분에 밀착되도록 잠시 두어요.

4. 기름을 조금 넉넉히 부은 팬에 넣어 튀겨요.

5. 다른 팬에 분량의 소스 재료를 모두 넣고 약간 걸쭉해질 때까지 끓여요.

6. 5에 튀겨낸 닭봉을 넣고 버무려서 한 김 식힌 뒤 도시락에 담아요.

춘권새우라이스

7. 칵테일새우는 뜨거운 물에 살짝 데쳐낸 뒤 잘게 다져 준비해요. 양파와 당근도 잘게 다져 준비하고, 브로콜리는 데친 뒤 손으로 잘게 찢어요.

8. 팬에 올리브기름을 조금 두르고 다진 마늘과 양파를 볶아 향을 냅니다.

9. 나머지 밥과 새우, 준비한 야채를 넣고 잠깐만 볶다 소금과 후추로 간을 해요.

10. 춘권은 작은 크기로 준비해 반으로 잘라요. 반으로 자른 춘권에 볶아놓은 밥을 조금씩 얹어 돌돌 말아요.

11. 10을 170~180도의 튀김기름에 약간 노릇하게 튀겨낸 뒤 기름기를 빼고 도시락에 담아요.

Tip ××××××××××××××××××

닭봉요리를 할 때는 살을 발라 튀기면 아이가 잡고 먹어도 손에 덜 묻어요. 소스에 버무린 뒤 땅콩이나 다른 견과류 등을 다져서 뿌려도 좋아요. 춘권을 튀길 때는 속재료가 이미 다 익었기 때문에 겉의 색만 약간 노릇한 정도가 되면 꺼내요. 춘권이 없다면 라이스페이퍼를 물에 불려 사용해도 되는데 이때는 기름이 튀지 않도록 롤을 다 만 뒤 물기를 없애야 해요.

미니와플라이스 도시락
미니와플라이스+훈제오리샐러드

Ready

⊙ 미니와플라이스
밥 1/2공기, 칵테일새우 10g,
노란색·빨간색 파프리카
각각 5g,
애호박 5g, 검은깨 1/3T,
달걀 1/2개, 파마산치즈 1/2T,
생빵가루 1/2T, 소금 약간
소스 메이플시럽 1T, 간장 1/2T,
물 1T

⊙ 훈제오리샐러드
훈제오리 25g, 야채류 15g,
옥수수(캔) 1T,
양파·양배추 각각 5g
머스터드소스 머스터드 1/3T,
유기농마요네즈 1T,
아가베시럽 2/3T, 후추 약간

Recipe

🍊 미니와플라이스

1 칵테일새우는 끓는 물에 데쳐 잘게 다지고 나머지 야채들도 잘게 다져요.

2 팬에 기름을 조금 두르고 야채들을 넣어 볶아요.

3 밥에 2의 재료와 검은깨를 넣어 섞은 뒤 달걀·파마산치즈·생빵가루를 넣어 버무려요.

4 와플팬에 기름칠을 한 뒤 뜨겁게 달궈 2의 밥반죽을 2/3숟가락씩 떠 넣어 노릇하게 구워요.

5 팬에 분량의 소스 재료를 넣고 끈기가 약간 생길 때까지 바글바글 끓인 뒤 식혀 소스통에 담아요.

🍊 훈제오리샐러드

6 여러 가지 야채를 조금씩 준비해 차가운 물에 담가두었다가 꺼낸 뒤 물기를 없애요. 이때 옥수수도 함께 넣어두었다 건져내요.

7 훈제오리는 기름을 두르지 않은 팬에 구우면서 기름기를 뺀 뒤 키친타월에 건져내 여분의 기름기를 없애요.

8 분량의 머스터드소스 재료를 섞어 소스를 만들어요.

9 도시락 용기에 야채를 먼저 담고 식힌 오리훈제구이를 얹은 다음 소스는 소스통에 따로 담아 도시락을 완성해요.

Tip ××××××××××××××××××××××××××××× ×××××

도시락은 어느 정도 시간이 흐른 뒤 먹게 되므로 샐러드를 물기가 조금 있는 상태로 도시락에 담는 게 좋아요. 그러면 도시락을 먹을 때까지 야채가 시들지 않고 싱싱하거든요. 더운 날에는 그래도 금방 시들 수 있으니 보냉가방에 담거나 보냉팩이 있는 샐러드컵에 담는 것도 좋아요.

스페셜 & 캐릭터 도시락 06

바비큐립 도시락
바비큐립+웨지감자+토마토파스타

Ready

● 바비큐립
돼지등갈비 3쪽
데칠 물 재료 물 1L, 마늘 2개,
양파 1/6개, 올리브잎 1장,
통흑후추 4~5알
소스 유기농케첩 1.3T,
우스터소스 1.3T,
파인애플즙 1T,
유기농흑설탕 2/3T,
올리브기름 1T, 후추 약간

● 웨지감자
감자 150g, 올리브기름 1T,
파슬리가루 1/5T,
소금·후추 약간씩

● 토마토파스타
펜네 30g
(삶는 물 : 물 1L, 소금 2/3T),
파마산치즈가루 1/2T,
소금·후추 약간씩
소스 토마토퓨레 5T,
다진 양파 1/2T, 다진 마늘 1/5T,
유기농설탕 1/4T, 바질가루·
오레가노가루 약간씩,
올리브기름 1/2T

Recipe

🍊 **바비큐립**

1 돼지등갈비는 뼈 사이사이를 잘라 찬물에 1시간 정도 담가 핏물을 빼요.

2 데칠 물이 끓기 시작하면 핏물 뺀 돼지등갈비를 넣고 1~2분 데쳐요.

3 분량의 소스 재료를 모두 섞어 소스를 만들어요.

4 오븐팬에 유산지를 깔고 2의 돼지등갈비를 올린 뒤 소스를 발라 200도로 예열한 오븐에 넣어 그릴 기능으로 20~25분 익혀요. 중간중간 소스를 덧바르고 뒤집어가며 구워요.

🍊 **웨지감자**

5 감자는 크기에 따라 6~8등분한 뒤 찬물에 헹구어 전분기를 없애요. 감자의 물기를 완전히 없앤 다음 올리브기름·소금·후추·파슬리가루를 뿌려 버무려요.

6 200도로 예열한 오븐에 감자를 넣어 중간에 1~2번 뒤집어가며 20~25분 익혀요.

🍊 **토마토파스타**

7 물에 소금을 넣어 팔팔 끓으면 펜네(파스타의 한 종류)를 넣고 삶아요. 파스타 봉지에 표시된 시간보다 1분 정도 덜 삶으면 알맞아요.

8 팬에 올리브기름을 약간 두르고 다진 양파와 다진 마늘을 넣어 향이 나도록 1분 정도 볶아요.

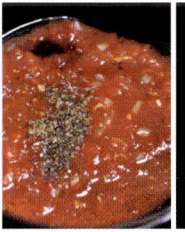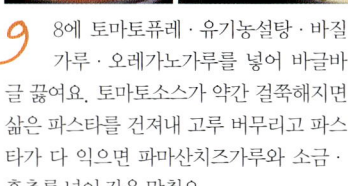

9 8에 토마토퓨레·유기농설탕·바질가루·오레가노가루를 넣어 바글바글 끓여요. 토마토소스가 약간 걸쭉해지면 삶은 파스타를 건져내 고루 버무리고 파스타가 다 익으면 파마산치즈가루와 소금·후추를 넣어 간을 맞춰요.

Tip ××

바비큐립을 만들 때는 소스를 한번에 바르지 말고 중간중간 발라가며 구워야 타지 않아, 촉촉하고 맛있는 립을 만들 수 있어요. 손으로 잡고 먹기 때문에 아이 얼굴에 소스가 많이 묻게 되니 물티슈를 준비하는 게 좋아요. 이 도시락은 될 수 있으면 부모와 같이 외출할 때 활용하세요. 파스타는 너무 퍼지지 않도록 완전히 익기 전에 꺼내 넓은 접시에 펼쳐 냉장고에 넣어 재빨리 식힌 뒤 도시락에 담아요.

크리스마스 도시락

산타주먹밥+크리스마스트리주먹밥+새송이버섯볶음

Ready

산타주먹밥
밥 1.5T, 소금·참기름 약간씩
꾸미기 재료 빨간색 파프리카·
슬라이스치즈·김 조금씩
주먹밥 속재료
참치마요네즈소(참치 1T,
유기농마요네즈 1/2T,
다진 오이피클 1/3T,
머스터드 1/4T,
아가베시럽 1/3T),
(자세한 레시피는 25쪽 참고)

크리스마스트리주먹밥
밥 1/2공기,
데쳐서 다진 브로콜리 1.5T,
소금·참기름 약간씩
꾸미기 재료 슬라이스치즈·
당근 적당량, 미니햄 1개

새송이버섯볶음
새송이 30g, 올리브기름 1/3T,
다진 쪽파 1/3T, 물 1/2T, 다진
마늘·소금 약간씩

Recipe

● 새송이버섯볶음

1 새송이는 약간 도톰하게 채 썰어요. 채 썬 새송이는 물을 약간 넣은 팬에 다진 마늘과 함께 볶아요.

2 올리브기름을 약간 두르고 다진 쪽파와 소금을 넣어 잠깐 더 볶아요.

● 산타주먹밥 & 크리스마스트리주먹밥

3 참치는 체에 밭쳐 기름기를 뺀 뒤 다진 피클과 나머지 재료를 넣고 버무려요(25쪽 참고).

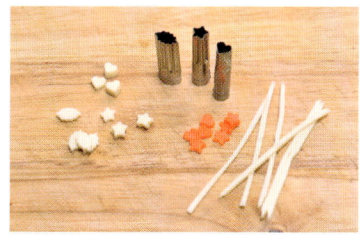

4 밥에 소금과 참기름을 약간 넣은 다음 산타주먹밥 분량은 따로 덜어내고, 나머지 밥엔 다진 브로콜리를 넣고 섞어요.

5 모양틀로 슬라이스치즈와 당근을 잘라 트리를 장식할 모양을 만들어요.

6 브로콜리밥에 참치마요네즈소스를 적당히 넣고 오므려 삼각주먹밥을 만들어요.

7 6에 꼬마햄을 나무기둥처럼 밑에 넣고 잘라놓은 치즈를 올린 뒤 전자레인지에 10초 정도 돌려 치즈를 주먹밥에 고정해요.

8 7에 당근을 군데군데 얹어 트리를 완성해요.

9 흰밥을 뭉쳐 작은 주먹밥을 만들고 빨간색 파프리카를 얇게 잘라 빨간 모자 모양을 만들어요. 슬라이스치즈로 수염을 만들고 눈과 입은 김을 잘라 만들어요.

10 주먹밥에 9의 재료를 모두 붙여요. 흰밥을 이마 부분에 붙여 모자의 털 부분을 표현하여 산타 모양 주먹밥을 완성해요.

11 도시락에 치커리를 조금 깔고 크리스마스트리와 산타주먹밥을 올린 뒤 곁들이 반찬과 과일 등을 담아요.

Tip ××××××××××××××××××××

주먹밥을 전자레인지에 너무 오래 돌리면 밥의 수분이 날아가 주먹밥이 퍽퍽해져 맛이 없어지기 쉬워요. 꼭 크리스마스가 아니더라도 작은 도시락 하나로 아이들이 좋아하는 크리스마스 분위기를 만들 수 있는 좋은 방법이랍니다.

스마일삼총사 도시락
스마일주먹밥+생선아몬드까스

Ready

🔸 **스마일주먹밥**
밥 2/3공기
(소금·참기름 약간씩)
꾸미기 재료 비트즙·김·
당근 약간씩, 스파게티면
주먹밥 속재료
참치마요네즈소(참치 2/3T,
다진 오이피클 1/3T,
유기농마요네즈 1/2T,
머스터드소스 1/4T,
아가베시럽 1/3T),
(자세한 레시피는 25쪽 참고)

🔸 **생선아몬드까스**
동태살 20g
(밑간 : 소금·후추 약간씩)
튀김옷 쌀가루 1T,
달걀 1/3개, 생빵가루 3T,
아몬드슬라이스 1.5T
타르타르 소스
유기농마요네즈 2T,
식초 1/2T, 아가베시럽 1/3T,
달걀노른자 1/3개,
다진 오이피클 1/3T,
다진 양파 1/4T

Recipe

● 생선아몬드까스

1. 동태살은 먹기 좋게 작게 잘라 소금과 후추를 약간만 뿌려 밑간해요.

2. 밑간한 동태살에 쌀가루 → 달걀물 → 생빵가루 + 슬라이스아몬드 섞은 것 순으로 묻혀 튀김옷을 입혀요.

3. 160~170도의 튀김기름에 튀김옷을 입힌 동태살을 넣고 노릇하게 튀겨내요.

● 스마일주먹밥

4. 분량의 소스 재료를 모두 섞어 타르타르소스를 만들어요.

5. 기름기를 없앤 참치에 다진 오이피클과 나머지 속재료를 모두 넣어 섞어요(25쪽 참치마요네즈소 참고).

6. 밥에 소금과 참기름을 약간만 넣어 간을 한 다음 3등분하여 각각 동글납작하게 만든 뒤 참치소를 넣고 오므려 주먹밥을 만들어요.

7. 김을 준비해 각기 다른 머리 모양을 잘라 붙이고, 김펀치를 이용해 눈과 입 모양을 잘라 붙여요.

8. 작은 소스통에 비트즙을 넣어 주먹밥의 볼에 해당하는 부분에 비트즙을 조금씩 묻혀 색을 입혀요. 당근을 꽃모양으로 잘라 스파게티면을 이용해 안쪽에 꽂아요.

9. 도시락 용기에 청겨자잎이나 상추잎을 조금 깔고 스마일주먹밥을 넣은 뒤 식힌 생선아몬드까스와 곁들이 반찬을 담고 소스는 소스통에 따로 담아요.

Tip ××

주먹밥을 꾸밀 때 주로 사용하는 당근이 주먹밥에 잘 붙지 않으므로 스파게티면을 조금 잘라 꽂으면 예쁘게 꾸밀 수 있어요. 도시락을 먹을 땐 스파게티가 부드럽게 불어 있기 때문에 먹으면서 불편하진 않아요.

스페셜&캐릭터 도시락 09

시금치미니프리타타 도시락
시금치미니프리타타+레몬드레싱통밀파스타샐러드

Ready 3인 가족 기준

● **시금치미니프리타타**
달걀 1개, 우유 3T,
시금치(포항초나 섬초) 10g,
다진 양파 5g, 유기농설탕 1/2T,
모차렐라치즈 1T, 소금 약간
기타 재료 버터 적당량

● **레몬드레싱통밀파스타샐러드**
통밀푸실리 35g
(물 1L, 소금 2/3T),
방울토마토 4~5개,
데친 브로콜리 10g
드레싱 레몬즙 1.5T,
유기농설탕 2/5T,
올리브기름 2/3T,
소금·파슬리가루 약간씩

Recipe

🍅 시금치미니프리타타

1 달걀에 우유와 유기농설탕, 소금을 넣어 부드럽게 풀어요.

2 다진 양파와 시금치를 잘게 다져 기름 두른 팬에 넣어 숨이 죽을 정도로만 볶아요.

3 1의 달걀물에 2를 넣어 섞어요.

4 작은 머핀 팬에 녹인 버터를 조금씩 둘러 바르고 3을 조금씩 부어 150도로 예열한 오븐에 넣어 15분 정도 익혀요.

5 프리타타가 거의 익으면 중간에 모차렐라치즈를 조금씩 얹어서 마저 익혀요.

🍅 레몬드레싱통밀파스타샐러드

6 소금을 조금 넣은 물을 팔팔 끓여 통 밀푸실리(파스타 종류의 하나)를 넣고 삶아요. 삶는 시간은 파스타 봉지 겉면에 표시된 대로 해요.

7 삶은 파스타는 건져내 물기를 뺀 뒤 올리브기름을 조금 넣어 버무린 다음 냉장고에 넣어 차게 식혀요.

8 차게 식힌 파스타에 방울토마토, 데친 브로콜리를 작게 잘라 넣고 파슬리가루와 레몬즙, 유기농설탕, 소금을 넣어 고루 버무린 뒤 마지막에 올리브기름을 넣어 버무려요.

Tip ××××××××××××××××××××××
프리타타는 유럽식 달걀찜인 셈인데 여러 가지 재료를 응용할 수 있어요. 야채류를 살짝 볶은 뒤 달걀물에 넣어 섞고 오븐팬에 굽기만 하면 되는 간단한 요리예요.

스페셜 & 캐릭터 도시락 10

야채미니돈까스 & 단호박퀘사디아 도시락

야채미니돈까스 + 단호박퀘사디아 + 꼬치주먹밥

Ready

🔸 **야채미니돈까스**
다진 돼지고기 55g,
다진 양파 15g, 다진 당근 5g,
다진 브로콜리 5g,
소금·참기름·후추·
생강즙 약간씩
튀김옷 쌀가루 1T, 달걀 1/3개,
생빵가루 3T

🔸 **단호박퀘사디아**
8인치 토르티야 1장,
삶은 단호박 으깬 것 4T,
유기농마요네즈 2/3T,
아가베시럽 1/2T, 건포도 1T,
슬라이스치즈 1장
기타 재료 파슬리가루 약간

🔸 **꼬치주먹밥**
밥 1/3공기,
참기름·검은깨 약간씩

Recipe

🟠 야채미니돈까스

1. 다진 돼지고기에 튀김옷 재료를 제외한 돈까스 재료를 모두 넣어 끈기가 생길 때까지 치대어 반죽해요.
2. 끈기가 생긴 반죽은 지름 2~3cm 크기로 완자를 빚어요.
3. 고기완자를 쌀가루 → 달걀물 → 생빵가루 순으로 튀김옷을 입혀요.

🟢 단호박퀘사디아

4. 170~180도의 튀김기름에 3을 넣어 노릇하게 튀겨 완전히 식힌 뒤 도시락에 담아요.
5. 단호박은 씨를 긁어서 쪄낸 뒤 뜨거울 때 포크로 으깨 유기농마요네즈·아가베시럽·건포도를 넣고 섞어요.
6. 토르티야는 작은 것으로 준비해 자연 해동한 다음 4의 단호박샐러드를 토르티야의 절반까지만 펴 올리고 치즈를 대강 잘라 듬성듬성 올려요.

🟠 꼬치주먹밥

7. 토르티야를 반으로 접어 오븐에 굽거나 달군 팬에 기름을 두르지 않은 채 앞뒤로 뒤집어가며 노릇하게 구워요.
8. 구워진 퀘사디아를 4등분한 뒤 한 김 식혀 도시락에 담아요.
9. 밥에 참기름·검은깨를 섞어 양념한 뒤 주먹밥을 작게 만들어 꼬치에 2개씩 꽂아 도시락에 담아요.

 Tip ××

퀘사디아를 만들 때 햄이나 치즈를 넣는 분들이 많죠? 그런데 그렇게 하면 햄이나 치즈의 염분이 너무 강해서 좋지 않더라고요. 치즈는 저염치즈로 듬성듬성 조금만 올리고 햄 대신 단호박이나 고구마 등으로 만들면 달콤해서 아이 입맛에 더 잘 맞는 퀘사디아를 완성할 수 있어요. 꼬치주먹밥은 소금간을 하지 않아야 돈까스랑 함께 먹을 때 간이 맞아요.

스페셜&캐릭터 도시락 11

약식 도시락
약식+시금치닭고기무침

Ready

약식
찹쌀 계량컵으로 1컵,
대추 2개, 건포도 2T, 잣 1/3T,
해바라기씨 1/3T
밥 짓는 물
쌀계량컵의 3/4컵, 진간장 1.3T,
유기농흑설탕 2T, 참기름 1/4T,
시나몬파우더 1/5T

시금치닭고기무침
데친 시금치 10g, 닭안심 1쪽,
고추장 1/6T,
소금·참기름·통깨 약간씩
닭고기 데치는 재료 물 250mL,
양파 1/10개, 마늘 1~2알,
대파 3g, 생강 1g

Recipe

약식

1. 찹쌀을 씻어 1시간 정도 불린 뒤 체에 밭쳐 물기를 빼요.

2. 분량의 밥 짓는 물 재료를 섞어요.

3. 대추는 씨를 빼고 돌려 깎은 뒤 잘게 다지고 건포도와 해바라기씨, 잣을 준비해요.

4. 냄비에 불린 쌀과 2의 밥 짓는 물을 넣고 고루 섞은 뒤 뚜껑을 닫고 센 불로 5분 정도 가열해요.

5. 4에 씨를 빼내고 잘게 다진 대추를 넣고 다시 뚜껑을 닫아 아주 약한 불에서 10분 정도 가열해요.

6. 불을 끄고 뜸들이기 전에 건포도와 잣, 해바라기씨를 넣고 뚜껑을 닫아 10분 정도 뜸을 들여요.

7. 완성된 약식은 재료가 잘 섞이도록 주걱으로 뒤적이고 주먹밥으로 뭉쳐 유산지컵에 담아 도시락에 넣어요.

시금치닭고기무침

8. 닭안심은 데칠 물 재료와 함께 넣고 삶아낸 뒤 결대로 찢어 준비해요.

9. 시금치는 데쳐서 먹기 좋은 크기로 잘라 닭고기와 함께 고추장·소금·참기름·통깨를 넣고 버무려요.

Tip 일반 약식보다는 덜 짜고 덜 달게 맛을 낸 약식입니다. 설탕 대신 건포도를 듬뿍 넣어 단맛을 보충했어요. 잣뿐 아니라 해바라기씨도 넣어 견과류를 좀 더 섭취할 수 있도록 만들었고요. 일반 전기밥솥을 이용하면 간편하게 만들 수 있어요. 찹쌀 분량의 65~70%의 물에 간장과 설탕 등으로 양념한 뒤 밥을 지으면 실패하지 않고 만들 수 있어요.

축구공 도시락

축구공주먹밥+우엉조림+브로콜리달걀말이

Ready

🟠 **축구공주먹밥**
밥 2/3공기
(소금·참기름 약간씩)
주먹밥 속재료
닭고기고추장볶음
(닭가슴 1/2쪽, 다진 양파 1.3T,
다진 애호박 1/2T, 다진 쪽파 1T,
다진 당근 1/2T),
양념장(진간장 1/2T,
고추장 1/4T, 물 1T,
다진 마늘 1/2T, 청주 1/3T,
참기름·생강즙 약간씩)
(자세한 레시피는 25쪽 참고)
꾸미기 재료 김 조금,
방울토마토

🟠 **우엉조림**
우엉 30g, 올리브기름 1/2T,
물 1/2T, 진간장 1/3T,
아가베시럽 1/3T, 검은깨 조금

🟠 **브로콜리달걀말이**
달걀 1개, 우유 1T,
데쳐서 다진 브로콜리 1T,
소금 약간

Recipe

우엉조림

1. 우엉은 껍질을 벗겨 어슷 썬 뒤 가늘게 채 썰어 식초를 한두 방울 넣은 찬물에 잠깐 담가두었다가 건져내 올리브기름을 두른 팬에 넣어 투명해지도록 볶아요.

2. 1에 진간장·물·아가베시럽을 넣고 부드럽게 조려지면 마지막에 검은깨를 뿌려 완성해요.

브로콜리달걀말이

3. 달걀에 우유·데쳐서 다진 브로콜리·소금을 넣어 부드럽게 풀어요.

4. 기름을 두른 팬이 약간 뜨겁게 달구어지면 달걀물을 부어 달걀이 80% 정도 익었을 때 젓가락으로 돌돌 말아 달걀말이를 완성해요.

5. 소금과 참기름을 약간만 넣어 양념한 밥을 2등분한 뒤 닭고기고추장볶음을 조금씩 넣어 동그랗게 오므려 주먹밥을 만들어요.

축구공주먹밥

6. 종이를 축구공처럼 오각형으로 잘라 김을 7겹으로 만든 뒤 오각형으로 오린 종이를 위에 올려 테두리를 따라 잘라요. 오각형으로 자른 김 7장과 각각의 오각형을 연결한 직선의 김을 잘라 준비해요.

7. 5의 주먹밥에 잘라놓은 오각형의 김을 둘러 붙이고 각각 꼭짓점을 연결할 직선의 김을 이어 붙여 축구공 모양을 완성해요.

8. 방울토마토 한쪽 부분을 약간 잘라낸 뒤 잘라진 방울토마토를 귀모양이 되도록 잘라 방울토마토 윗부분에 칼집을 넣고 꽂아요. 김으로 눈과 입 모양을 만들어 붙여 붉은악마토마토를 만들어요.

9. 도시락에 치커리잎을 전체적으로 둘러 잔디밭을 표현하고 축구공주먹밥을 올려요. 나머지 빈 공간에 붉은악마를 표현한 방울토마토와 달걀말이, 우엉조림 등의 곁들이 반찬을 채워 넣어요.

Tip ××××××××××××××××××××××××××××××××××××

방울토마토에 김을 붙일 때 물을 살짝 묻히면 떨어지지 않고 잘 붙어요. 만드는 과정은 아주 간단하지만 의외로 모양이 좋아 아이가 좋아하는 도시락 중 하나예요. 여러분의 아이디어로 좀 더 멋진 축구도시락을 만들어보세요.

치로와 친구들 도시락

치로와친구들주먹밥 + 수제딸기잼롤 + 감자야채볶음

Ready

🟠 **치로와친구들주먹밥**
밥 2/3공기, 달걀노른자,
소금 약간
주먹밥 속재료
마늘멸치볶음소(잔멸치 1.3T,
마늘 2~3개, 진간장 1/3T,
아가베시럽 1/3T,
다진 쪽파 1/2T, 통깨 1/4T)
(자세한 레시피는 24쪽 참고).
꾸미기 재료 당근 · 옥수수 ·
김 · 유기농케첩 조금씩

🟠 **수제딸기잼롤**
식빵 1쪽,
수제딸기잼 1/2T

🟠 **감자야채볶음**
감자 30g, 당근 5g,
노란색 파프리카 5g,
그린빈 2개, 올리브기름 1/2T,
마늘 1개, 소금 약간

Recipe

🍊 치로와친구들주먹밥

1 밥에 삶은 달걀노른자를 체에 내려 섞고 소금간을 약간 해요.

2 달걀노른자를 섞은 밥을 3등분한 뒤 각각 마늘멸치볶음소를 가운데 넣고 오므려요.

3 2를 정사각형으로 만들어요.

4 치로와친구들 캐릭터를 꾸며줄 닭벼슬과 눈, 부리가 되는 부분은 당근을 잘라 준비해요.

5 주먹밥에 각각 옥수수로 부리를 표현하고 당근으로 닭볏을, 김으로 눈을 붙여 표정을 만들어요.

6 도시락 용기에 치커리잎을 조금 깔고 완성된 캐릭터주먹밥을 담은 뒤 유기농케첩을 이용해 붉은 볼을 표현해요.

🍊 수제딸기잼롤

7 테두리를 잘라낸 뒤 밀대로 살짝 민 식빵에 수제딸기잼을 얇게 펴 발라요.

8 식빵을 돌돌 만 뒤 한 입 크기로 썰어 꼬치에 꽂아 도시락에 담아요.

🍊 감자야채볶음

9 감자는 가늘게 채 썬 뒤 찬물에 헹구고, 파프리카와 당근도 채 썰고, 그린빈은 끓는 물에 살짝 데친 뒤 반으로 잘라 다시 3~4등분해요.

10 팬에 올리브기름을 두르고 감자, 당근, 채 썬 마늘을 넣어 볶아요.

11 감자가 거의 다 익으면 파프리카와 그린빈을 넣고 소금으로 간을 약간 한 다음 조금 더 볶아요.

 Tip ××××××××××××××××××××
감자볶음은 너무 익을 때까지 볶으려 하면 잘게 부서져 먹기에 불편하고 보기에도 좋지 않아요. 약간 덜 익었다 싶을 때까지만 익히고 나머지는 잔열로 익혀야 해요.

미니오믈렛+치킨가라아게 도시락

미니오믈렛+치킨가라아게+사과드레싱샐러드

Ready

● **미니오믈렛**
밥 1/2공기, 다진 당근 1T,
다진 오이피클 1T, 검은깨 1/3T,
소금 약간,
달걀 1개(우유 1T, 소금 약간)

● **치킨가라아게**
닭다리살 70g
(밑간 : 진간장 1/2T,
유기농설탕 1/4T, 청주 1/4T,
다진 마늘 1개분,
생강즙·후추 약간씩)
튀김옷 박력분 1/3T,
녹말가루 1T, 물 1.5T,
메추리알 1개

● **사과드레싱샐러드**
양상추잎 1~2장, 옥수수 1T,
방울토마토 2~3개
사과드레싱 사과 50g,
양파 15g, 유기농마요네즈 3T,
식초 2T, 옥수수 2T,
아가베시럽 1.5T

Recipe

🍊 미니오믈렛

1. 기름을 조금 두른 팬에 다진 당근을 볶아요.

2. 밥에 볶은 당근과 다진 오이피클, 검은깨, 소금을 약간 넣어 섞어요.

3. 달걀에 우유와 소금을 넣어 부드럽게 풀어요.

4. 기름을 두른 팬에 1/2숟가락씩 달걀물을 떠 넣어 작은 지단을 부치다 지단이 약간 덜 익었을 때 2의 밥을 조그맣게 뭉쳐 올려 지단을 감싸 완성해요.

🍊 치킨가라아게

5. 닭다리살은 껍질과 지방을 없앤 뒤 먹기 좋은 크기로 썰어 분량의 밑간 재료를 넣고 조물조물해서 10~15분 재웠다가 분량의 튀김옷 재료를 한데 넣고 섞어요.

6. 밑간한 닭고기를 튀김옷 재료에 넣고 튀김옷을 고루 입혀요.

7. 170~180도의 튀김기름에 닭고기를 넣어 살짝 노릇하게 튀겨낸 뒤 5~10분 정도 한 김 식혔다가 다시 한 번 튀겨요.

🍊 사과드레싱샐러드

8. 사과드레싱 재료를 믹서에 모두 넣고 곱게 갈아요.

9. 양상추는 손으로 찢어 찬물에 담가두었다가 물기를 빼 도시락에 담은 뒤 방울토마토와 옥수수를 얹고, 소스는 소스통에 따로 넣어 도시락에 담아요.

Tip 가라아게는 일본식 닭튀김이에요. 우리나라처럼 바삭하게 즐기기보다는 부드럽게 즐기는 튀김이고요. 식어도 맛있어서 도시락에 좋은 메뉴예요.

스페셜 & 캐릭터 도시락 15

키티캐릭터 도시락
키티주먹밥+시금치나물+새우튀김+달걀말이

Ready

◎ 키티주먹밥
밥 2/3 공기(소금 약간)
주먹밥 속재료 참치야채볶음
(참치 1/2T, 다진 애호박 1/2T,
다진 양파 1/2T, 다진 당근 1/3T,
다진 옥수수 1/2T,
유기농케첩 1/2T,
아가베시럽 1/3T, 고추장 1/6T
(자세한 레시피는 25쪽 참고)
꾸미기 재료
비트즙·튀긴 스파게티·김·
슬라이스치즈 약간씩

◎ 시금치나물
데친 시금치 15g,
소금·참기름·통깨 약간씩

◎ 새우튀김
흑미오이게살롤 레시피 참조
(63쪽)

◎ 달걀말이
달걀 1개, 우유 1T, 소금 약간

Recipe

🔸 키티주먹밥

1. 밥에 소금을 약간 넣어 버무린 후 키티 리본으로 꾸며줄 분량에는 비트즙을 약간 넣어 분홍색 밥을 만들어요.

2. 1의 흰밥에 참치야채볶음을 적당히 넣고 오므려 키티 얼굴을 만들어요.

3. 키티의 귀는 따로 만들어 붙이거나 주먹밥의 윗부분을 성형해 귀 모양을 만들어요.

4. 비트즙으로 색을 낸 밥으로 리본 모양을 만들어 키티의 한쪽 귀에 붙여요.

5. 눈과 코가 되는 부분을 김과 슬라이스치즈를 이용해 잘라 붙여요.

6. 튀긴 파스타를 잘라 양 옆에 세 가닥씩 꽂아 수염을 표현해요.

🔸 시금치나물

7. 시금치는 끓는 물에 10초 정도 데친 뒤 찬물에 바로 헹궈 물기를 짜낸 다음 소금·참기름·통깨를 넣고 버무려요.

🔸 새우튀김

8. 레시피를 참고하여 준비한 새우를 튀겨요.

🔸 달걀말이

9. 달걀말이 재료를 한데 섞어 잘 푼 뒤 기름을 약간 두른 팬에 부어요. 달걀물이 80% 정도 익으면 젓가락을 이용해 돌돌 말아 달걀말이를 만들어 모양틀로 모양을 찍어요.

10. 도시락 용기에 청겨자잎을 조금 깔고 키티를 먼저 담고 나머지 메뉴들을 채워요.

> **Tip** ××××××××××××××××××××
> 캐릭터 도시락을 담을 때는 모양 때문에 도시락에 빈 공간이 생기는 경우가 많아요. 음식을 많이 넣자니 모양이 살지 않고 양이 너무 많아질 우려가 있어요. 이럴 땐 양배추를 채 썰어 음식을 올리면 돼요.

수줍은 토끼 도시락
토끼주먹밥+닭가슴살메추리알조림

Ready

🟢 **토끼주먹밥**
밥 1/2공기
(밑간 : 소금·참기름 약간씩)+
밥 1.5T(비트즙 약간)
주먹밥 속재료
북어보푸라기야채볶음
북어 20g, 다진 양파 1T,
다진 당근 1T,
유기농마요네즈 1/2T
양념장 진간장 2/3T,
아가베시럽 1/2T, 다진 파 1T,
통깨 1/4T,
참기름·다진 마늘 약간씩
(자세한 레시피는 25쪽 참고)
꾸미기 재료 당근·김·
햄 약간씩

🟢 **닭가슴살메추리알조림**
닭가슴살 1/2쪽, 메추리알 15알,
조림장(진간장 1T,
유기농설탕 1/3T, 조청 1/2T,
요리술 1/3T, 닭 삶은 물 5T,
참기름·소금 약간)
닭가슴살 데치는 재료
물 250mL, 대파 5g, 마늘 1개,
통후추 2~3알, 생강 1g

Recipe

● 닭가슴살메추리알조림

1 닭가슴살 데치는 물 재료에 닭가슴살을 함께 넣고 삶은 뒤 한 김 식혀요.

2 삶은 닭가슴살은 결대로 쪽쪽 찢어 준비해요. 이때 삶고 난 물은 버리지 말고 조릴 때 사용해요.

3 삶아서 껍질을 벗긴 메추리알과 2의 닭가슴살을 냄비에 함께 넣고 조청과 참기름을 제외한 조림장 재료를 넣어 조려요. 어느 정도 색이 나도록 졸면 조청을 넣고 윤기나도록 조려요.

● 토끼주먹밥

4 밥 1/2공기에 소금과 참기름을 조금 넣어 섞고, 밥 1.5스푼 분량에는 비트즙을 조금 넣어 분홍색 밥을 만들어요.

5 흰밥 중 토끼의 귀 부분을 만들 분량을 남겨두고, 북어보푸라기야채볶음을 넣고 오므려 토끼 얼굴을 만들어요.

6 5의 주먹밥은 토끼의 얼굴, 나머지 흰밥으로는 토끼의 기다란 귀를 만들고, 비트밥으로는 귀의 안쪽 부분과 볼에 붙일 모양을 만들어요.

7 6을 하나로 합해 토끼 모양 주먹밥을 만들어요.

8 토끼의 눈은 김으로, 코는 햄을 잘라 만들고, 당근을 왕관 모양으로 잘라 붙여요.

9 도시락에 반찬 담을 유산지컵을 담고 청겨자잎을 깐 다음 빈 곳이 없도록 채 썬 양배추를 깔고 준비한 토끼주먹밥과 반찬들을 담아요.

스페셜 & 캐릭터 도시락 17

토토로캐릭터 도시락
토토로주먹밥+폭탄주먹밥+꼬마토토로+당근초절임+브로콜리무침+미트볼

Ready

🔸 **토토로주먹밥**
밥 1/2공기(조미김 1/4장, 소금 약간)+2.5T(소금 약간)
꾸미기 재료 김밥용 김·슬라이스치즈 약간씩

🔸 **폭탄주먹밥**
밥 1.5T, 조미김 1/4장, 소금 약간

🔸 **꼬마토토로**
메추리알 2개, 검은깨 4알

🔸 **당근초절임**
당근 10g, 절임물(식초 1/3T, 유기농설탕 1/3T, 소금 약간)

🔸 **브로콜리무침**
데친 브로콜리 20g, 소금·참기름 약간씩

🔸 **미트볼**
옥수수당근주먹밥의 미니미트볼 레시피 참고(107쪽)

Recipe

● 토토로주먹밥

1. 밥 1/2 공기에는 조미김을 잘게 잘라서 넣고 소금 약간과 함께 섞어요. 밥 2.5스푼에는 소금을 약간만 넣어 섞어요.

2. 조미김을 섞어둔 밥의 2/3분량을 하나로 뭉쳐 토토로의 몸통을 만들어요. 나머지는 귀와 팔을 만들어 붙여요.

3. 흰밥 중 1스푼 분량을 동글납작하게 뭉쳐 토토로의 배 부분에 붙여요.

● 폭탄주먹밥

4. 치즈와 김을 잘라 표정을 만들면 완성이에요.

5. 흰밥 중 나머지 분량을 2개로 나누어 작은 주먹밥을 만든 다음 잘게 부순 조미김에 넣어 굴려요.

6. 전체적으로 김을 입힌 주먹밥에 치즈와 김을 오려 붙여 표정을 만들어요.

● 꼬마토토로

● 당근초절임

7. 메추리알을 삶은 뒤 껍질을 벗겨 뾰족한 부분을 위로 하고 세모 모양으로 칼집을 넣어요.

8. 검은깨 2개를 붙여 눈을 만들면 완성이에요.

9. 당근을 모양틀을 이용해 꽃모양으로 자른 다음 절임물 재료에 넣어 맛이 배면 건져내 사용해요.

● 브로콜리무침

10. 데친 브로콜리에 소금, 참기름을 넣고 무쳐요.

11. 도시락 용기에 청상추를 깔고 토토로를 가장 먼저 담은 다음 나머지 재료들을 하나씩 올려 도시락을 완성해요.

Tip ××××××××××××××××××
캐릭터도시락을 만들 때는 대개 부위별로 만들어 붙이는데, 흰쌀과 찹쌀을 6:1 정도 비율로 섞어 밥을 지으면 적당히 찰기가 있어 캐릭터 모양 만들기가 훨씬 수월해요. 일반 주먹밥을 만들 때보다 참기름을 조금 넣거나 아예 넣지 않아야 모양을 내기가 쉽답니다.

PART 6
반짝반짝 빛나는 우리 아이 기쁘게 해줄
아이 생일상 차림

" 아이 생일을 조금은 특별하게 축하해주기 위해, 친구들과 작은 파티를
하기 위해, 인스턴트음식이나 배달 음식 대신 엄마표로 직접 준비해보는 건 어떨까요?
친구들 앞에서 부산 떨며 어깨를 으쓱하는 아이 모습을 볼 수 있을 거예요.
엄마들과 다 같이 모여 먹어도 맛있는 레시피들로 준비해보았습니다. "

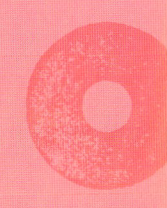

아이 생일상 차림 01

단호박케이크

Ready

● **단호박케이크**
(1호 사이즈 케이크 1개 분량)
케이크시트 밀가루 박력분 60g,
단호박가루 18g,
달걀 4개(60g 내외 크기),
유기농설탕 60g,
아가베시럽 10g, 럼주 1/2T,
녹인 무염버터 20g,
카놀라유 15g
단호박크림 찐 단호박 250g,
크림치즈 180g, 생크림 80g,
유기농설탕 40g

Recipe

● 단호박케이크

1. 달걀을 분리하여 흰자에 유기농설탕 50g을 2~3회 나누어 넣으며 단단한 거품을 만들어요. 처음부터 설탕을 넣지 말고 거품이 어느 정도 생기면 설탕을 넣어요.

2. 달걀노른자에 나머지 설탕 10g과 럼주·아가베시럽을 넣어 부드러운 서품이 날 때까지 충분히 섞어요. 단호박가루와 박력분을 한데 섞어 체에 2~3회 내려요.

3. 달걀흰자와 노른자 거품 낸 것을 한데 섞고 체에 내린 가루류를 넣어 가볍게 섞어요. 무염버터를 전자레인지에 넣어 10초 돌린 뒤 카놀라유와 가볍게 섞어요.

4. 케이크틀에 유산지를 깔아요.

5. 반죽을 넣은 뒤 안쪽에 기포가 없어지도록 위에서 아래로 가볍게 두세 번 내리치고 오븐팬을 덧댄 다음 170~180도로 예열한 오븐에 20~25분 구워요.

6. 구워진 케이크시트는 틀에서 꺼내 식힘망에 올려 식힌 뒤 밑부분과 윗부분을 약간 잘라내고 3등분해요.

● 단호박크림

7. 단호박은 김이 오른 찜기에 완전히 쪄낸 뒤 뜨거울 때 포크나 매셔로 으깨요.

8. 으깬 단호박에 생크림과 유기농설탕을 넣고 부드러운 크림상태가 될 때까지 섞어요.

9. 크림치즈는 1시간 정도 전에 실온에 두거나 전자레인지에 살짝 돌려 부드러워지면 거품기로 풀어요.

10. 3등분한 케이크시트 중 하나에 단호박크림을 바르고 나머지 케이크시트를 올려 같은 과정을 반복해요.

11. 전체적으로 단호박크림을 입히고 옆라인은 스패출러를 이용해 거친 선을 만들어가며 정돈해요.

12. 케이크 자투리를 체에 내려 케이크 위에 가볍게 뿌린 뒤 찐 단호박을 작게 잘라 장식으로 조금 얹어요.

딸기롤케이크

아이 생일상 차림 02

Ready

● **딸기롤케이크**
(20cm 길이 롤케이크 1개 분량)

케이크시트 달걀 3개,
유기농설탕 75g,
밀가루 박력분 65g,
슈거파우더 1T 적당량
크림 생크림 120mL,
유기농설탕 15g
시럽 레몬즙 1T, 물 3T,
유기농설탕 2T
토핑 딸기 토핑용 4~5개,
다져서 사용할 딸기 4~5개,
청포도 조금, 슈거파우더 조금

Recipe
● 딸기롤케이크

1. 달걀을 흰자와 노른자로 나눈 뒤 흰자에 유기농설탕 75g 중 65g을 2~3회 나누어 넣어가며 뒤집어도 흘러내리지 않게 단단한 거품을 올려요.

2. 달걀노른자에 나머지 설탕 10g을 넣고 거품을 올려요. 1에 달걀노른자 거품을 넣고 흰자의 거품이 꺼지지 않도록 주걱을 아래에서 위로 올려가며 가볍게 섞어요.

3. 박력분을 체에 2~3회 내린 뒤 달걀 거품에 넣고 거품이 꺼지지 않도록 주걱을 아래에서 위로 올려가며 가볍게 섞어요.

4. 오븐은 180도로 예열해두고, 오븐팬에 유산지를 깔아 준비해요.

5. 짜주머니에 둥근 깍지를 끼우고 케이크반죽을 채운 뒤 유산지를 깐 오븐팬에 케이크 반죽을 사선 모양으로 짜요.

6. 반죽 위에 슈거파우더를 적당히 뿌리고, 180도로 예열한 오븐에 넣어 12~15분 구워 식힘망에 식혀요.

  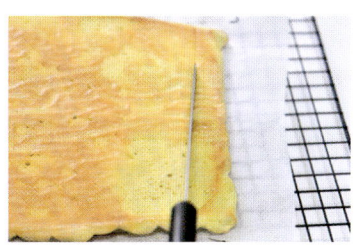

7. 시럽 재료를 냄비에 넣고 바글바글 끓인 뒤 차갑게 식혀 준비해요. 생크림에 설탕을 넣고 부드럽게 거품을 올려요.

8. 토핑으로 올릴 딸기는 절반으로 잘라 준비하고 크림과 함께 안에 뿌릴 딸기는 잘게 다져 준비해요.

9. 식힌 케이크시트를 뒤집어 안쪽에 시럽을 촉촉이 바르고 한쪽 끝부분에 0.7cm 간격으로 3개 정도 칼집을 넣어 케이크가 잘 말릴 수 있게 해요.

10. 끝부분을 3cm 정도 남겨놓고 생크림을 바르고 다져놓은 딸기를 골고루 뿌린 뒤 단단히 말아서 유산지를 씌워 냉장고에 넣고 1시간 정도 모양을 굳혀요.

11. 케이크를 꺼내 끝부분은 잘라내고 윗부분에 생크림을 조금 짜 올린 뒤 딸기와 청포도를 조금씩 얹고 슈거파우더를 골고루 뿌려 완성해요.

> **Tip** ×××××××××××××××××××
> 케이크를 너무 오래 구우면 케이크가 단단해지고 질겨질 수 있어요. 케이크가 잘 말리지 않으면 김발을 이용해 말아보세요. 거품 낼 때 도구 등에 물기가 묻어 있으면 거품이 잘 올라오지 않아요.

바나나두부컵케이크

Ready

🔵 **바나나두부컵케이크**
두부 50g, 카놀라유 60g,
밀가루 박력분 150g,
유기농흑설탕 65g, 두유 80mL,
베이킹파우더 5g
바나나조림 바나나 1.5개,
아가베시럽 1.5T, 럼주 1T,
시나몬파우더 1/4T
두부크림 두부 220g,
물 80mL, 아가베시럽 4T,
유기농흑설탕 1T, 레몬즙 3T,
럼주 1T, 가루한천 2g,
소금 약간
토핑재료 딸기 · 바나나
적당량

Recipe

● 두부크림

1. 두부 270g을 끓는 물에 데친 뒤 물기를 빼서 준비해요. 머핀에 들어갈 두부도 함께 작업해요.

2. 다른 냄비에 물·아가베시럽·유기농설탕·소금을 넣어 끓이고, 가루한천을 넣고 끓여요.

3. 데친 두부 중 220g에 2의 재료, 럼주 반, 레몬즙을 넣고 블렌더로 곱게 갈아 냉장고에 2~3시간 굳혀요.

4. 한 덩어리로 굳어진 두부반죽을 다시 한 번 블렌더로 곱게 갈아 크림 상태로 만들어요.

● 바나나조림

5. 바나나를 손으로 대충 잘라 아가베시럽·나머지 럼주·시나몬파우더와 함께 냄비에 넣고 포크로 으깨가며 조려요.

6. 1의 두부 중 50g과 카놀라유, 두유, 유기농흑설탕을 한데 넣고 블렌더로 부드럽게 섞어요.

7. 한 김 식힌 바나나조림을 넣고 고루 섞어요.

8. 밀가루 박력분과 베이킹파우더를 체에 쳐 7에 넣고 가볍게 섞어요.

9. 머핀컵의 70% 정도가 되도록 머핀반죽을 채워 넣고 180도로 예열한 오븐에서 20~25분 구워요.

10. 꼬치로 찔러 보아 묻어 나오는 게 없으면 오븐에서 꺼내 식힘망에 올려 식혀요.

11. 온기가 없어진 머핀에 짜주머니에 채운 두부크림을 조금씩 짜 올리고, 바나나와 딸기를 잘라 얹어 컵케이크를 완성해요.

Tip ××××××××××××××××××
식물성 재료만으로 만들었기 때문에 알레르기가 있는 아이들도 안심하고 먹을 수 있어요. 버터를 넣고 만든 머핀보다 식감은 덜하지만, 훨씬 담백하면서도 고소하답니다.

아이 생일상 차림 04

생크림과일케이크

Ready

🌸 **생크림과일케이크**
(1호 사이즈 케이크 1개 분량)
시트 1 밀가루 박력분 80g,
달걀 3개, 유기농설탕 70g,
아가베시럽 10g, 럼주 1/3T,
무염버터 녹인 것 20g
시트 2 밀가루 박력분 80g,
달걀 3개, 유기농설탕 80g,
럼주 1/3T,
슈거파우더 1T
크림 생크림 250mL,
유기농설탕 20g
토핑 오렌지 · 청포도 · 딸기 ·
블루베리잼 적당량

Recipe

● 시트 1

1 달걀 흰자에 설탕 60g을 2~3회 나누어 넣어가며 단단한 거품을 올리고 노른자에 설탕 10g과 아가베시럽, 럼주를 넣고 매끄러운 거품이 될 때까지 거품을 올려요.

2 1에 달걀노른자 거품을 넣고 흰자의 거품이 꺼지지 않도록 주걱을 아래에서 위로 올려가며 가볍게 섞어요.

3 박력분과 녹말을 체에 2~3회 내린 뒤 달걀 거품에 넣고 거품이 꺼지지 않도록 주걱을 아래에서 위로 올려가며 가볍게 섞어요.

4 녹인 버터를 반죽에 넣고 재빨리 섞어요.

5 유산지를 깐 케이크팬에 반죽을 넣고 기포가 죽도록 팬을 위로 들어 올려 가볍게 두세 번 내리쳐요. 180도로 예열한 오븐에 케이크반죽을 넣고 20~25분 구워낸 뒤 틀에서 꺼내 식힘망에 올려 충분히 식혀요.

● 시트 2

6 시트 1의 3번 과정까지 같은 방법으로 반죽을 만들어요. 오븐팬에 유산지를 깔고 둥근 깍지를 끼운 짜주머니에 반죽을 넣고 25×10cm가 되도록 반죽을 짜요.

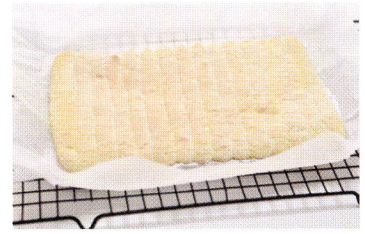

7 슈거파우더를 골고루 뿌려 180도로 예열한 오븐에 넣고 10~12분 구워 식힘망에 올려 식혀요.

● 케이크 완성하기

8 생크림에 설탕을 넣고 부드럽게 거품을 올려요. 5번의 케이크시트를 윗면과 아랫부분은 약간 잘라낸 뒤 3등분해요. 시트 한 장에 생크림을 얹어 펴 바르고 나머지 시트도 동일한 방법으로 반복해요.

9 전체에 생크림을 입히고 냉장고에 30분 정도 넣어 모양을 굳힌 뒤 케이크를 꺼내 시트 2를 반으로 잘라 옆라인에 둘러요. 딸기 → 오렌지 과육 → 청포도 → 블루베리잼 순으로 얹어 완성해요.

Tip 크림을 듬뿍 얹어야 맛이 있지만 칼로리가 너무 높아지고 느끼해질 수 있으니 크림을 너무 많이 사용하지 않는 것이 좋아요. 딸기롤케이크에 소개한 시럽을 만들어 케이크시트 사이사이에 바르면 케이크가 훨씬 더 촉촉하고 맛있어요. 오렌지 과육 발라내는 방법은 시금치수란샌드위치도시락(157쪽)을 참고해요.

아이 생일상 차림 05

요거트블루베리무스

Ready

● **요거트블루베리무스**
(케이크 2호 사이즈 1개 분량)

재료 1 통밀비스킷 100g,
아가베시럽 1T, 레몬즙 1T,
무염버터 녹인 것 2T,
건크렌베리 1T

재료 2 크림치즈 220g,
플레인요거트 80g, 우유 6T,
유기농설탕 2T, 레몬즙 3T,
아가베시럽 1/2T, 블루베리 85g

재료 3 생크림 300mL,
유기농설탕 2T

재료 4 판젤라틴 8g,
틀에 바를 버터 적당량,
토핑용 블루베리&블루베리잼

Recipe
● 요거트블루베리무스

1. 통밀비스킷을 밀폐봉지에 담은 뒤 손으로 가볍게 눌러 부숴요.

2. 버터는 전자레인지에 넣고 10초 정도만 데워 녹인 뒤 잘게 부순 통밀비스킷에 재료 1의 나머지 재료를 넣고 섞어요.

3. 재료 2에서 크림치즈와 플레인요거트, 우유는 30분~1시간 전에 실온에 꺼내두었다가 모두 블렌더에 넣고 섞어요.

4. 판젤라틴은 찬물에 담가두었다가 말랑하게 불면 물기를 짜내고 전자레인지에 10초 정도 데워 액체상태로 만들어요.

5. 3에 녹인 젤라틴을 넣고 다시 한 번 섞어요.

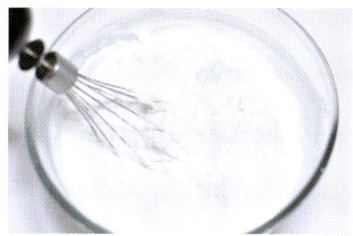
6. 생크림에 설탕을 넣고 핸드블렌더로 부드러운 거품으로 만들어요.

7. 거품을 낸 생크림에 5를 부어가며 거품이 꺼지지 않도록 가볍게 섞어요.

8. 무스틀 안쪽에 버터를 전체적으로 바른 뒤 접시에 올리고, 2를 넣어 편평하게 깔아요.

9. 그 위에 7의 반죽을 채워 넣고 스페츌러로 윗부분을 편평하게 만들어요.

10. 완성되면 1~2시간 냉장고에 넣어 모양을 굳혀요. 모양을 굳힌 케이크를 꺼내 뜨겁게 데운 면보나 행주를 무스틀 바깥쪽에서 감싼 채 잠시 두었다가 무스틀을 천천히 걷어내요.

11. 윗부분에 블루베리나 블루베리잼 등을 얹거나 여러 가지 것들로 예쁘게 장식하면 완성이에요.

Tip ××××××××××××××××××××
30분 내로 만들 수 있는 쉬운 케이크예요. 달지 않고 새콤달콤하고 부드러워 금방 질리지 않고 맛있어요. 블루베리 대신 망고나 딸기 등 평소 아이가 좋아하는 과일을 넣어 만들어도 좋아요.

아이 생일상 차림 06
해물잡채+치킨볼+애플시나몬롤

애플시나몬롤
치킨볼
해물잡채

Ready 유아 4~5인분 기준

● 해물잡채
당면 100g, 칵테일새우 작은 것 10~12마리,
오징어 몸통만 1/2마리,
시금치 데친 것 50g
(양념 : 소금·참기름 약간씩),
양파 30g, 당근 10g,
맛타리버섯 30g, 물 1/2컵
양념장 진간장 1.5T,
유기농설탕 1T,
아가베시럽·참기름 각각 1/2T,
다진 마늘·통깨 각각 1/3T,
카놀라유 1/2T, 소금 약간

● 치킨볼
닭다리살 4개
(밑간 : 유기농설탕 2/3T,
다진 마늘 1/2T, 소금·후추·
넛맥 약간씩),
유기농튀김가루 약간
튀김반죽
유기농튀김가루 1/2컵,
유기농케첩 1/2T, 물 1/2컵,
파슬리가루 1/2T

● 애플시나몬롤
춘권피 8장, 애플시나몬잼 4T
(자세한 레시피는 12쪽 참고)

Recipe

● 해물잡채

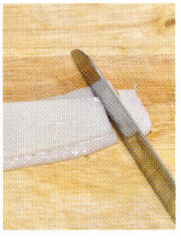

1. 당면은 미지근한 물에 1시간 정도 불린 뒤 2~3등분해요. 오징어는 껍질을 벗겨 배 안쪽에 #자 모양으로 칼집을 넣고 먹기 좋은 크기로 잘라요.

2. 맛타리버섯은 손으로 찢어 준비하고, 당근과 양파는 채 썰고, 시금치는 데친 뒤 물기를 짜서 소금·참기름을 넣고 버무려요. 분량의 양념장 재료를 모두 섞어 양념장을 만들어요.

3. 팬에 물과 카놀라유를 넣은 뒤 불린 당면과 당근, 양파, 맛타리버섯을 넣고 뚜껑을 닫아서 재료가 익을 때까지 약한 불에서 4~5분 조리해요.

● 치킨볼

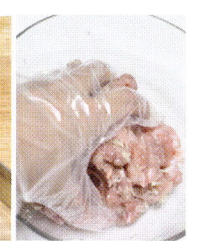

4. 3의 재료가 모두 익고 수분이 거의 날아가면 오징어와 데친 칵테일새우, 양념장을 넣고 뒤적여가며 볶아요.

5. 불을 끄고 무쳐놓은 시금치를 넣고 섞어요.

6. 닭다리살은 껍질과 지방 부분을 잘라내고 대충 다져서 준비해요. 여기에 밑간 재료를 넣고 조물조물해서 15분 정도 재워요.

7. 물 약간에 유기농케첩을 넣어 잘 푼 뒤 나머지 튀김반죽 재료들과 한데 넣고 가볍게 섞어요. 밑간한 닭다리살을 지름 2~2.5cm로 동그랗게 빚어 여분의 유기농튀김가루를 고루 묻힌 뒤 가볍게 털어요.

8. 튀김반죽에 7의 치킨볼을 넣어 튀김옷을 입혀요.

9. 180도의 튀김기름에 치킨볼을 넣고 노릇하게 튀겨내요. 한 김 식힌 뒤 다시 한 번 튀겨내요.

 Tip
치킨볼은 충분히 간이 되어 있어서 그냥 먹어도 괜찮지만 머스터드소스를 조금 곁들여도 좋아요. 될 수 있으면 그냥 먹도록 해요. 케첩은 맛을 더해주기도 하지만 색감을 더해주기 위한 것이니 약간만 넣어요. 케첩 대신 카레가루를 넣어도 좋아요.

아이 생일상 차림 07

닭봉간장조림+미니핫도그+모둠과일꼬치

모둠과일꼬치

닭봉간장조림

미니핫도그

Ready 유아 4~5인분 기준

● **닭봉간장조림**
닭봉 8개
(밑간 : 소금 · 후추 약간씩)
소스 진간장 1.5T,
유기농흑설탕 2T, 올리고당 1T,
레몬즙 2T

● **미니핫도그**
무첨가 비엔나소시지 8개,
대나무꼬치 6개
반죽 박력분 100g, 우유 60mL,
달걀 1개, 유기농설탕 3T,
베이킹파우더 3g, 럼주 1/2T

● **모둠과일꼬치**
딸기 · 바나나 · 청포도 등
과일류 적당량,
대나무 꼬치 적당량

Recipe

● 닭봉간장조림

1. 닭봉은 찬물에 씻어 물기를 뺀 뒤 끝부분의 살을 발라 밑으로 밀어내린 다음 소금과 후추를 뿌려 냉장고에 15분 정도 넣어두어요. 이때 로즈메리 같은 허브를 약간 넣어도 좋아요.

2. 기름을 조금 두른 팬에 밑간한 닭봉을 넣고 뒤집어가며 노릇하게 구워요. 구워진 닭봉은 그릇에 덜어내놓고 굽는 과정에서 생긴 기름은 키친타월로 닦아요.

3. 기름기를 닦아낸 팬에 분량의 소스 재료를 모두 넣고 바글바글 끓이다 전체적으로 잔거품이 일기 시작하면 구워두었던 닭봉을 넣고 약한 불에서 소스가 거의 졸아들 때까지 윤기 나게 조려요.

● 미니핫도그

  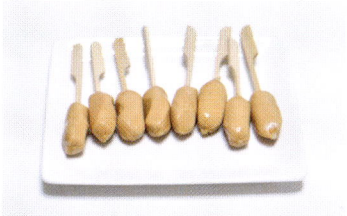

4. 달걀·우유·유기농설탕·럼주를 한데 넣고 젓가락이나 거품기를 이용해 부드럽게 섞어요.

5. 박력분과 베이킹파우더는 한데 섞어 1~2회 체에 내려 달걀물을 넣고 가볍게 섞어 20~30분 냉장고에 넣어두어요.

6. 비엔나소시지는 뜨거운 물에 살짝 데쳐 작은 꼬치에 꽂아요.

7. 5의 핫도그 반죽에 소시지 꼬치를 돌려가며 반죽을 전체적으로 얇게 입혀요.

8. 160~170도의 튀김기름에 꼬치를 넣고 빙글빙글 돌리며 튀겨요.

9. 튀겨낸 핫도그는 한 김 식힌 뒤 다시 한 번 반죽을 가볍게 입혀서 튀겨요.

10. 파티 분위기가 나도록 손잡이에 리본을 묶어 그릇에 담고 케첩을 조금씩만 뿌려요.

11. 제철 과일류를 적당히 준비해 순서대로 꼬치에 꿰어 접시에 담아요.

Tip ××××××××××××××××××
핫도그에 케첩을 발라줄 때는 작은 소스통에 필요한 만큼만 넣어 조금씩 짜주세요. 핫도그 반죽은 냉장고에 잠깐 넣어두었다 사용하면 재료들이 서로 어우러져 더 맛있어요. 시중에서 판매하는 핫케이크믹스는 첨가물을 잘 확인하세요. 닭봉간장조림은 굽는 과정에서 기름기가 쏙 빠져 느끼하지 않고 맛있어요. 식어도 맛있어서 아이와 함께 나들이 갈 때 도시락 메뉴로도 좋아요.

미트소스파스타+바닐라밀크푸딩
+바비큐립&웨지감자

아이 생일상차림 08

바닐라밀크푸딩

바비큐립&웨지감자

미트소스파스타

Ready 유아 4~5인분 기준

◉ **미트소스파스타**
펜네 120g
(삶는 물 1.5L, 소금 1T),
다진 소고기 80g, 다진 양파 3T,
다진 마늘 1/2T,
토마토홀 300g,
물 200mL, 유기농설탕 1/2T,
파마산치즈가루 1T,
건바질·건오레가노 각각 1/4T,
월계수잎 1장,
유기농치킨스톡 1g,
소금·후추·
다진 파슬리 약간씩,
올리브기름 1.5T

◉ **바닐라밀크푸딩**
우유 150mL, 생크림 50mL,
달걀 2개, 유기농설탕 40g,
바닐라빈 약간, 메이플시럽 2T

◉ **바비큐립&웨지감자**
(자세한 레시피는 179쪽 참조)
바비큐립 돼지등갈비 8쪽
(데칠 물 : 물 1.5L, 마늘 4개,
양파 1/4개, 올리브잎 1~2장,
통흑후추 5~6알)
소스 유기농케첩 2T,
우스터소스 2T, 파인애플즙 2T,
유기농흑설탕 2/3T,
올리브기름 2T, 후추 약간
웨지감자 감자 450g,
올리브기름 1.5T,
파슬리가루 1/2T,
소금·후추 약간씩

Recipe

● 미트소스파스타

1 물 1.5L에 소금 1스푼을 넣고 팔팔 끓으면 펜네를 넣고 10분 정도 삶아요.

2 팬에 올리브기름을 1스푼 두르고 다진 마늘과 다진 양파를 1분 정도 볶아요.

3 양파에 다진 소고기를 넣고 볶은 뒤 토마토홀을 으깨어 넣어요.

4 물·유기농설탕·유기농치킨스톡·건바질·건오레가노·월계수잎을 넣고 약한 불에서 15~20분 졸여요.

5 소스가 걸쭉해지면 삶은 펜네를 넣고 뒤적여가며 조금 더 익히고 파마산치즈가루와 소금·후추를 넣어 간을 하고 다진 파슬리를 넣어 섞어요.

● 밀크푸딩

6 우유·생크림·유기농설탕을 한데 넣고 섞어서 전자레인지에 30초 정도 데워요. 달걀을 거품기로 가볍게 풀어 둘을 한데 섞어요.

7 바닐라빈에 칼집을 넣은 뒤 칼등으로 씨를 긁어요.

8 바닐라빈 씨를 푸딩반죽에 넣고 푸딩반죽을 고운 거름망에 걸러요.

9 오븐팬에 뜨거운 물을 1.5cm 정도 높이만큼 붓고 푸딩반죽을 80~90% 채운 푸딩병을 올려 140~150도로 예열한 오븐에 넣어 20분 정도 찌듯이 구워요.

10 푸딩이 다 익으면 한 김 식힌 뒤 메이플시럽을 조금씩 뿌리고 냉장고에 넣어 차갑게 식혀두었다가 꺼내요.

Tip 푸딩과 미트소스파스타의 미트소스는 하루 전날 만들어두면 당일 상차림을 손쉽게 할 수 있어요. 미트소스에 다진 돼지고기를 넣으면 풍미가 좋아져요. 이때 소고기와 돼지고기를 1:1 또는 2:1 비율로 하면 돼요. 밀크푸딩을 만들 때 거품기를 마구 휘젓지 말고 속에서 가볍게 저어요. 오븐이 없다면 푸딩병을 키친타월 등으로 감싼 뒤 찜기에 넣어 달걀찜 하듯이 익혀요.

두부표고버섯탕수 + 새우파프리카스프링롤 + 단호박퀘사디아

아이 생일상차림 09

단호박퀘사디아
두부표고버섯탕수육
새우파프리카스프링롤

Ready 유아 4~5인분 기준

● **두부표고버섯탕수육**
표고버섯튀김 표고버섯 8개,
튀김옷(녹말가루 1/3컵),
물 1/6컵, 달걀흰자 1개,
진간장 1/2T, 유기농설탕 1/3T,
생강가루 1/4T, 검은깨 1/3T,
소금·후추 약간씩
두부튀김 두부 50g,
밑간(소금·후추 약간씩),
튀김옷(녹말가루 1.5T)
소스 피망 15g,
노란색·빨간색 파프리카
각각 15g, 양파 30g,
사과 50g, 물 1컵, 진간장 1.5T,
식초 2.5T, 유기농설탕 2T,
녹말물(감자전분·물 1T)

● **새우파프리카스프링롤**
라이스페이퍼 8장,
칵테일새우 작은 것 16마리,
오이 1/3개, 쌀국수 40g,
노란색·빨간색 파프리카
각각 30g
소스 진간장 2/3T,
발사믹식초 1T, 식초 1.5T,
유기농흑설탕 1.5T,
올리브기름 1.5T,
다진 마늘 1/4T, 검은깨 1/3T,
후추 약간

● **단호박퀘사디아**
8인치 토르티야 1장,
찐단호박 4T,
유기농 마요네즈 2/3T,
건포도 1T, 아가베시럽 1/2T,
슬라이스치즈 1장(자세한 레시피는 187쪽 참고)

Recipe

● 두부표고버섯탕수

1 두부는 소금, 후추를 조금 뿌려 키친타월에 올려 물기를 빼고, 표고버섯은 기둥을 떼어내고 6등분해서 끓는 물에 데쳐 찬물에 헹궈 물기를 살짝 짜요.

2 표고버섯 튀김옷 재료를 볼에 모두 넣고 섞어요. 물기 뺀 두부는 녹말가루를 고루 묻히고, 데친 표고버섯은 튀김옷에 넣어 버무려요.

3 두부와 표고버섯을 170~180도의 튀김기름에 넣어 튀겨요.

● 새우파프리카스프링롤

4 물·진간장·유기농설탕·식초를 오목한 팬에 넣고 보글보글 끓으면 녹말물을 제외한 나머지 재료를 넣고 한 김 끓여요.

5 소스가 끓을 때 녹말물을 조금씩 부어 가며 소스를 완성해요. 튀겨낸 두부와 표고버섯에 소스를 끼얹어 내거나 각각 그릇에 담아 찍어 먹을 수 있게 준비해요.

6 칵테일새우는 해동한 뒤 끓는 물에 살짝 데쳐 찬물에 헹궈요. 이때 비린내가 나면 식초나 레몬즙을 약간 넣어요.

7 쌀국수는 두께가 얇은 것으로 준비해 끓는 물에 삶은 뒤 찬물에 헹구어요.

8 오이는 돌려깎아 채 썰고, 파프리카는 씨를 없앤 뒤 얇게 채 썰어 준비해요. 미지근한 물에 라이스페이퍼를 2~3초 담갔다가 꺼내어 접시나 도마 위에 펼쳐요.

9 물에 불린 라이스페이퍼 위에 준비한 재료들을 순서대로 올려 말아요. 분량의 소스 재료를 모두 섞어 소스를 만들어요.

10 스프링롤은 한 입 크기로 썰어 소스와 함께 접시에 담아요. 소스를 적당량 뿌려서 담아주면 아이가 먹기 편해요.

 Tip ××××××××××××××××××××××××××××××××
표고버섯은 튀겨내면 고기와 같은 쫄깃한 식감을 내지요. 아이에게 굳이 표고버섯이라 말하지 않으면 무엇인지 모르고 맛있게 먹을 거예요. 표고버섯을 데치지 않고 튀기면 수분 때문에 기름이 더 많이 튀고, 튀겨도 바삭하지 않고 금방 눅눅해져요. 스프링롤을 쌀 때 너무 두껍게 말지지 않도록 주의해요.

아이 생일상 차림 10

감자베이컨피자 + 화이트조랭이떡볶이 + 레몬치킨강정

→ 화이트조랭이떡볶이
→ 레몬치킨강정
→ 감자베이컨피자

Ready 유아 4~5인분 기준

● **감자베이컨피자**
감자 150g
(밑간 : 올리브기름 1T, 소금·후추·건오레가노 약간씩),
피망 15g, 베이컨 10g,
블랙올리브 10g, 옥수수 1T,
양파 15g, 모차렐라치즈 1/4컵
소스 토마토페이스트 1/2T,
물 3T, 유기농설탕 1/4T,
건오레가노·건바질 각각 1/4T,
소금 약간

● **화이트조랭이떡볶이**
조랭이떡 250g, 다진 양파 1T,
다진 마늘 1/3T, 양송이 2개,
브로콜리 25g, 생크림 1컵,
슬라이스치즈 1장,
소금·흰후추·넛맥 약간씩

● **레몬치킨강정**
닭안심 6쪽, 녹말 3T,
달걀흰자 2T, 유기농설탕 1/3T,
생강즙 1/3T,
소금·시나몬파우더 약간씩
(자세한 레시피는 101쪽 참고)
소스 레몬즙 1T, 진간장 1.5T,
아가베시럽 1.5T,
유기농설탕 2/3T,
검은깨 1/3T
(또는 캐슈넛이나 아몬드류)

Recipe

● 감자베이컨피자

1 감자는 필러로 껍질을 벗겨내고, 슬라이서로 1mm 정도로 얇게 슬라이스한 뒤 찬물로 2~3회 씻어 전분기를 제거해요.

2 전분기를 뺀 감자는 마른 행주나 키친타월로 감싸 물기를 없앤 뒤 밑간 재료를 넣고 버무려요.

3 팬에 2를 담고 180도로 예열한 오븐에서 7~8분 구워요. 분량의 소스 재료를 팬에 넣고 조려요.

4 베이컨은 기름을 두르지 않은 팬에 살짝 구운 뒤 잘게 썰어요.

5 피망은 속씨를 없앤 뒤 자르고, 양파도 얇게 썰어요. 옥수수는 흐르는 물에 헹구고 블랙올리브도 물기를 없애요.

6 오븐에 구운 감자에 3의 피자소스를 바르고 모차렐라치즈 → 피망·양파 → 모차렐라치즈 → 옥수수·베이컨·블랙올리브 순으로 올려 180도의 오븐에 넣어 10분 정도 구워요.

● 화이트조랭이떡볶이

7 조랭이떡은 끓는 물에 부드럽게 데쳐 올리브기름을 뿌려 버무려요. 브로콜리는 데친 뒤 찬물에 헹궈 먹기 좋은 크기로 자르고, 양송이버섯은 모양을 살려 자르고, 양파와 마늘은 다져요.

8 팬에 올리브기름을 두르고 다진 양파와 다진 마늘을 넣고 향이 나도록 1분 정도 볶아요. 양송이버섯을 넣고 숨이 죽을 때까지 살짝 볶아요.

9 생크림을 넣고 약한 불에서 끓이다 데쳐놓은 조랭이떡과 브로콜리, 슬라이스치즈를 넣고 약간 걸쭉해질 때까지 끓이다 마지막에 소금·흰 후추·넛맥을 넣어 간을 맞추어요.

Tip 감자피자는 밀가루를 사용하지 않아 칼로리 부담이 적고 훨씬 담백하고 맛있어요. 두껍지 않아 아이들이 먹기에도 편하고요. 손으로 들고 먹으면 부서질 것 같지만 그렇지 않답니다. 감자를 굽는 정도에 따라 끝부분은 바삭하면서 안쪽은 부드러운 식감을 주니 구워지는 상태를 점검해가며 만들어요.

치킨샐러드＋곡물무슬리견과강정＋바나나두부컵케이크

아이 생일상차림 11

바나나두부컵케이크
곡물무슬리견과강정
치킨샐러드

Ready

● 치킨샐러드
닭안심 4쪽(밑간 : 소금·후추·생강가루 약간),
튀김옷(쌀가루·달걀물·생빵가루 적당량),
양상추 100g, 어린 잎 10g

머스터드소스
유기농마요네즈 2.5T,
머스터드 1/2T, 아가베시럽 1T,
다진 피클 1/2T, 후추 약간

● 곡물무슬리견과강정
곡물무슬리 120g, 검은깨 1/2T,
캐슈넛 15g, 아몬드 15g,
건크렌베리 15g,
메이플시럽 3T,
유기농설탕 1.5T, 레몬즙 1T

● 바나나두부컵케이크
두부 50g, 카놀라유 60g,
밀가루 박력분 150g,
유기농흑설탕 65g,
두유 80ml, 베이킹파우더 5g
(자세한 레시피는 208쪽 참고)

Recipe

● 치킨샐러드

1 닭안심은 찬물로 씻어 물기를 없앤 뒤 힘줄을 제거하고 한입 크기로 썰어 밑간 재료를 넣은 다음 버무려 15분 정도 재워요.

2 밑간한 닭고기는 쌀가루→달걀물→생빵가루 순으로 튀김옷을 입혀요. 위생봉지를 사용하면 튀김옷을 간편하게 입힐 수 있어요.

3 180도로 예열한 튀김기름에 튀김옷을 입힌 닭고기를 튀겨요.

4 양상추는 손으로 찢어 어린잎과 함께 차가운 물에 넣어두었다가 체에 밭쳐 물기를 빼요.

5 분량의 머스터드소스 재료를 섞어 소스를 만들어요.

6 접시에 양상추와 어린잎을 담고 그 위에 한 김 식힌 치킨을 얹고, 소스는 따로 담아내거나 위에 뿌려요.

● 곡물무슬리견과강정

7 캐슈넛과 아몬드는 밀폐봉지에 담아 밀대로 가볍게 두드려 부숴요.

8 팬에 메이플시럽과 유기농설탕, 레몬즙을 넣은 뒤 젓지 말고 보글보글 끓여가며 설탕을 녹여요.

9 전체적으로 잔거품이 일고 약간 걸쭉해지면 곡물무슬리와 다진 견과류, 검은깨, 다진 건크랜베리를 넣고 버무려요.

10 위생장갑을 끼고 기름을 조금 바른 다음 9의 재료를 조금씩 손에 덜어 가볍게 뭉쳐요.

11 채반에 올려 굳을 때까지 그대로 두어요.

Tip ××××××××××××××××××××

치킨샐러드에 들어가는 프라이드치킨은 쌀가루→달걀물→생빵가루 순의 튀김옷을 입히는 대신 치킨강정이나 치킨가라아게 만들 듯이 튀겨내 치킨샐러드를 만들면 좀 더 간편하게 만들 수 있어요. 강정을 뭉칠 때는 너무 단단해지지 않도록 가볍게 뭉쳐요. 무슬리는 종류가 다양하니 원하는 것으로 골라 만들면 돼요. 레몬즙을 약간 넣으면 새콤한 맛이 돌아 더 맛있답니다.

PART 7
꼭 한번 손수 준비해보고 싶은
가족 나들이 도시락

> 아이와 함께하는 나들이에 손쉽게 준비할 수 있는 도시락 레시피들을
> 소개해요. 같은 조리 방법으로 아이가 먹을 음식과 부모가 먹을 음식을 함께
> 만드는 노하우도 숨어 있답니다. 햇살 좋은 휴일, 내 가족을 위해
> 직접 준비한 멋진 도시락을 들고 추억 만들러 떠나요.

가족 나들이 도시락 01

소고기고추주먹밥 + 소고기우엉주먹밥 도시락

소고기고추주먹밥 + 소고기우엉주먹밥 + 프렌치토스트 + 애호박버섯전

Ready 3인 가족 기준

● **소고기고추주먹밥(부모용)**
소고기볶음 다진 소고기 100g, 양념(진간장 2/3T, 유기농설탕 1/2T, 청주 1/3T, 다진 마늘·다진 파 각각 1/3T, 생강즙·참기름 약간씩)
밥 2공기, 청고추 2개, 홍고추 1.5개, 다진 우엉조림 1.5T, 검은깨 1/2T, 소금·참기름 적당량

● **소고기우엉주먹밥(아이용)**
밥 1/2공기, 다진 우엉조림 1T, 검은깨 1/5T, 소금·참기름 약간씩

● **프렌치토스트**
식빵 2쪽, 달걀물(달걀 2개, 생크림 3T, 유기농설탕 1/2T, 소금·시나몬파우더·파슬리가루 약간씩)

● **애호박버섯전**
애호박 65g, 맛타리버섯 55g, 물 8T, 밀가루 2T, 녹말가루 1/3T, 달걀 1/3개, 다진 마늘 1/3T, 국간장 1/3T, 소금 약간

Recipe

● 주먹밥 만들기

1. 다진 소고기에 양념 재료를 모두 넣고 조물조물해서 양념이 배도록 15분 정도 냉장고에 넣어 재웠다가 기름을 약간 두른 팬에 볶아요.

2. 고추는 반으로 잘라 씨를 없애고 잘게 다져 준비해요. 우엉은 레시피(191쪽)를 참고하여 만들어 잘게 다져 준비해요.

3. 고추주먹밥과 우엉주먹밥을 만들 밥을 각각 그릇에 담고 주먹밥 재료들을 모두 넣어 섞어요.

4. 매운맛이 섞이지 않도록 아이가 먹을 주먹밥을 먼저 만들고 엄마, 아빠가 먹을 주먹밥을 만들어요.

● 프렌치토스트

5. 식빵 가장자리를 정리한 다음 4등분 해요.

6. 분량의 달걀물 재료를 모두 섞어 준비해요. 달걀물에 식빵을 고루 적셔 기름 두른 팬에 노릇하게 구워요.

● 애호박버섯전

7. 달걀이 묻은 면은 모두 골고루 뒤집어가며 익혀요.

8. 애호박은 잘게 채 썰어 소금을 조금 뿌려 10분 정도 절여요.

9. 8에 맛타리버섯을 손으로 잘게 찢어 넣어요.

10. 9에 나머지 반죽 재료를 모두 넣고 날가루가 보이지 않을 정도로만 가볍게 섞어 기름 두른 팬에 한 숟가락씩 떠 올려 뒤집어가며 노릇하게 지져요.

Tip ××
우엉조림과 소고기는 전날 만들어두면 도시락 싸는 시간을 줄일 수 있어요. 애호박버섯전은 애호박을 소금에 절여도 전날 만들어두면 물이 많이 생겨 질척해지니 그날 만드는 게 좋아요. 아이가 먹을 주먹밥과 엄마, 아빠가 먹을 주먹밥을 같은 조리단계를 거쳐 만들기 때문에 도시락 싸는 시간은 생각보다 오래 걸리지 않아요. 여기에 간식으로 먹을 과일과 음료만 준비하면 돼요.

가족 나들이 도시락 02

낙지젓갈주먹밥+
참치마요주먹밥 도시락

낙지젓갈주먹밥+참치마요주먹밥+카레치킨+닭고기냉채무쌈말이

Ready 3인 가족 기준

▶ **낙지젓갈주먹밥(부모용)**
밥 2공기(소금·참기름·검은깨 조금씩), 김밥용 김 3장, 낙지젓갈 1.5T
젓갈양념 다진 마늘 1/3T, 통깨 1/3T, 다진 고추 1/3T, 참기름 1/3T

▶ **참치마요주먹밥(아이용)**
(123쪽 참고)

▶ **카레치킨**
닭다리살 3개 **밑간** 진간장 2/3T, 유기농설탕 1/3T, 청주 1/3T, 다진 마늘 1/3T, 생강즙·소금 약간씩
튀김옷 순카레가루 1/3T, 박력분 1T, 전분 3T, 물 2T

▶ **닭고기냉채무쌈말이**
닭가슴살 1/2쪽(향신재료 : 마늘 1개, 대파 3~4cm, 통후추 3~4알, 생강 조금), 쌈무 8~10장, 노란색·빨간색 파프리카 각각 20g, 오이 25g, 무순 적당량
소스 머스터드 1/2T, 유기농설탕 1/2T, 식초 1/2T, 소금·후추 약간씩

Recipe

낙지젓갈주먹밥

1 고추는 반으로 갈라 씨를 없앤 뒤 잘게 다져 준비해요. 시판 낙지젓갈에 다진 고추와 나머지 양념 재료를 넣고 고루 섞어요.

2 밥에 소금·참기름·검은깨를 넣고 섞은 뒤 적당히 손에 덜어 가운데에 양념한 젓갈을 넣고 오므려 삼각형 주먹밥을 만들어요.

3 김밥용 김을 6×10cm 크기로 잘라 주먹밥에 둘러요.

카레치킨

닭고기냉채무쌈말이

4 닭다리살은 껍질과 지방을 잘라낸 뒤 먹기 좋은 크기로 썰어 분량의 밑간 재료들을 넣고 버무려 15분 정도 냉장고에 재웠다가 튀김옷 재료를 넣고 섞어요.

5 180도의 튀김기름에 튀김옷을 입힌 닭다리살을 넣고 약간 노릇하게 튀겨내요. 5분 정도 한 김 식힌 뒤 다시 한 번 튀겨요.

6 닭가슴살은 향신 재료와 함께 넣고 삶아낸 뒤 결대로 찢어 준비해요.

7 미나리잎이나 쪽파도 데쳐 준비해요. 오이는 씨 부분을 제외하고 돌려 깎아 채 썰고, 파프리카는 씨를 제거하고 채 썰어요. 무순은 뿌리 부분만 잘라 준비해요.

8 데친 닭고기에 소스 재료를 넣고 버무려요.

9 데친 미나리잎이나 쪽파를 깔고 그 위에 물기를 없앤 쌈무를 편 뒤 7과 8의 재료들을 적당히 올려 말아 묶어요.

Tip 주먹밥을 만들 때 부모용과 아이용 밥 양념은 같이 하고 속재료만 따로 넣어 만들어요. '닭고기냉채무쌈말이'는 아이와 함께 먹을 수 있도록 매운 겨자는 사용하지 않는 게 좋아요.

가족 나들이 도시락 03

매운닭갈비덮밥+간장닭갈비덮밥 도시락

매운닭갈비덮밥+간장닭갈비덮밥+날치알달걀말이+감자크로켓

Ready 3인 가족 기준

◉ 매운닭갈비덮밥(부모용)
밥 2공기, 닭다리살 2.5개, 양파 40g, 양배추 25g, 당근 20g, 대파 1/5대, 애호박 1/5개, 마늘 2개
양념장 고춧가루 1.5T, 고추장 1/3T, 진간장 2T, 유기농설탕 1/2T, 아가베시럽 1/2T, 청주 1/3T, 생강즙·통깨·참기름 약간씩
기타 재료 청고추·홍고추 조금씩

◉ 간장닭갈비덮밥(아이용)
밥 1/2공기, 닭다리살 1/2개, 양파 10g, 당근 5g, 양배추 7g, 애호박 15g, 대파 조금, 마늘 1/2개
양념장 진간장 1/3T, 아가베시럽 1/4T, 고추장·생강즙·통깨·청주 약간씩

◉ 날치알달걀말이
달걀 2개, 날치알 1T, 송송 썬 쪽파 1T, 청주 1/4T, 물 1.5T, 소금 약간

◉ 감자크로켓 (77쪽 참고)

Recipe

🔴 매운닭갈비덮밥

1. 닭다리살은 껍질과 지방을 잘라낸 뒤 먹기 좋은 크기로 썰어 준비해요. 아이가 먹을 간장닭갈비 분량과 함께 준비해요.

2. 양념장 재료를 모두 섞어요. 아이가 먹을 간장닭갈비 양념장도 함께 준비해요.

3. 팬에 기름을 조금 두르고 대파와 마늘을 볶아 향을 내요.

4. 닭다리살과 양파를 넣어 닭고기의 겉면이 익을 정도로 볶아요.

5. 어슷 썬 당근, 애호박, 양배추를 함께 넣어 야채 숨이 죽을 정도로만 양념장을 넣고 볶아요.

🟢 간장닭갈비덮밥

6. 팬에 기름을 조금 두르고 대파와 마늘을 볶다 닭다리살, 양파를 넣고 볶아요.

7. 먹기 좋게 썬 야채를 넣고 볶다가 야채가 숨이 죽으면 양념장을 넣어요.

8. 도시락에 밥을 각각 담고 상추잎으로 가이드라인을 만든 다음 각각 닭갈비를 담아요.

🟢 날치알달걀말이

9. 달걀에 청주, 물, 소금을 넣고 젓가락으로 풀어요.

10. 송송 썬 쪽파와 날치알을 조금 넣고 섞어요.

11. 팬에 기름을 조금 두르고 팬이 약간 달궈지면 달걀물을 부어 달걀이 80% 익었을 때 젓가락으로 돌돌 말아 익혀요. 완전히 식혀 먹기 좋게 썰어요.

> **Tip** ××××××××××××××××××
> 동네 공원이나 근처 공원으로 가볍게 떠나는 나들이에 활용해요. 시간도 오래 걸리지 않고 간편하고 맛있게 먹을 수 있어요. 닭고기 대신 돼지고기로 만들어도 좋아요. 아이와 함께 가더라도 소유욕이 강한 아이들을 위해 혼자서 들고 먹을 수 있도록 따로 도시락을 담아가는 것이 좋아요.

등심돈까스+야채미니돈까스 도시락

가족 나들이 도시락 04

등심돈까스+야채미니돈까스+볶음김치+단호박샐러드

Ready 3인 가족 기준

◎ **등심돈까스**
돼지고기등심 250g,
밑간(소금·후추 약간씩)
튀김옷 쌀가루·
달걀물(달걀 1개, 우유 1T),
생빵가루+파슬리가루 적당량
돈까스소스 진간장 1.3T,
식초 1.5T, 우스터소스 1T,
아가베시럽 1T, 케첩 1/2T,
사과즙 1T, 물 1T, 녹말가루·
검은깨 약간씩

◎ **볶음김치**
배추김치 1/8포기, 고추장 1/3T,
참기름 1/3T, 포도씨기름 1T,
아가베시럽 약간, 대파 1/10대

◎ **야채미니돈까스**
다진 돼지고기 55g,
다진 양파 15g, 다진 당근 5g,
다진 브로콜리 5g, 소금·
참기름·후추·생강즙 약간씩
(자세한 레시피는 187쪽 참고)
튀김옷 쌀가루 1T, 달걀 1/3개,
생빵가루 3T

◎ **단호박샐러드**
찐 단호박 1/2개, 마요네즈 1.3T
(자세한 레시피는 103쪽 참고)

234

Recipe

● 등심돈까스

1. 돼지고기는 돈까스용 등심으로 준비해 소금과 후추를 약간 뿌려 밑간해요.

2. 밑간한 돼지고기에 쌀가루 → 달걀물 → 생빵가루 → 파슬리가루 순으로 튀김옷을 입혀요.

3. 빵가루는 손으로 가볍게 눌러가며 입히고 튀기기 전에 살짝 털어내요.

4. 팬에 돈까스가 충분히 잠길 정도의 기름을 붓고 180도로 예열한 다음 튀김옷을 입힌 돈까스를 노릇하게 튀겨내요.

5. 4는 한 김 식힌 뒤 1~1.5cm 두께로 썰어 도시락에 담아요.

6. 분량의 소스 재료를 팬에 넣어 약간 걸쭉한 느낌이 날 때까지 끓인 뒤 한 김 식혀 소스통에 따로 담아요.

● 볶음김치

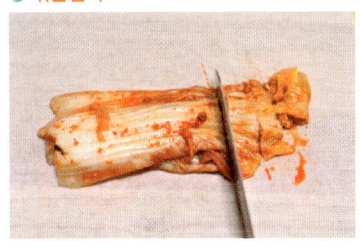

7. 새콤하게 익은 배추김치를 양념을 털어내고 먹기 좋은 크기로 썰어요.

8. 팬에 기름을 약간 두르고 약한 불에서 타지 않도록 뒤적이며 볶아요.

9. 배추김치가 어느 정도 숨이 죽으면 고추장, 아가베시럽, 대파를 넣고 마저 볶은 뒤 참기름을 넣고 마무리해요.

 Tip ××

김치를 볶을 때 설탕이나 아가베시럽, 고추장을 미리 넣으면 타버리니 나중에 넣어요. 야채미니돈까스도 엄마, 아빠 입맛에 잘 맞는 음식이니 따로 돈까스를 튀겨내지 않고 야채미니돈까스만으로 도시락을 챙겨도 좋아요.

가족 나들이 도시락 05

로스트핫치킨샌드위치 +
로스트치킨랩 도시락

로스트핫치킨샌드위치 + 로스트치킨랩 + 토마토마리네이드&웨지감자

Ready 3인 가족 기준

● **로스트핫치킨샌드위치**
치아바타 2개, 소스(케첩 2T, 우스터소스 2T, 아가베시럽 1T, 핫소스 1/2T, 후추 약간)

● **로스트치킨랩**
8인치 토르티야 1장, 머스터드 1/3T, 유기농마요네즈·유기농케첩 각각 1/3T

공통 재료 닭가슴살 1개
(밑간 : 소금·순카레가루 1/4T씩, 올리브기름 1/2T, 건타임·건오레가노 약간씩), 토마토 1/2개, 로메인 6장, 비트잎 3장, 프레시모차렐라치즈 100g, 오이피클 적당량

● **토마토마리네이드&웨지감자**
(자세한 레시피는 111, 179쪽 참고)

Recipe

로스트핫치킨샌드위치

1. 닭가슴살에 밑간 재료를 모두 뿌린 뒤 손으로 비벼 잠시 그대로 두어요.

2. 팬에 밑간한 닭가슴살을 노릇하게 구워요. 구운 닭가슴살은 한 김 식힌 뒤 결 반대 방향으로 썰어요.

3. 기름을 두르지 않은 팬에 치아바타 빵을 반으로 갈라 살짝 구워요. 팬에 분량의 소스 재료를 넣고 바글바글 끓인 뒤 한 김 식혀 준비해요.

4. 로메인과 비트잎은 찬물로 씻어 키친타월로 물기를 없애고, 토마토는 슬라이스해요.

5. 오이피클은 길게 잘라 준비하고, 프레시모차렐라치즈는 물기를 뺀 뒤 모양을 살려 잘라요.

6. 구운 치아바타빵에 머스터드를 바른 뒤 로메인과 비트잎을 얹고 토마토와 프레시모차렐라치즈를 얹어요.

로스트치킨랩

7. 오이피클 → 로스트치킨 → 소스를 얹은 뒤 로메인을 한 장 더 올리고 나머지 빵을 얹어 살짝 눌러요.

8. 식품지나 유산지로 감싼 뒤 끈으로 묶어 도시락에 담아요.

9. 토르티야를 기름을 두르지 않은 팬에 살짝 구워 반으로 잘라요.

10. 토르티야에 머스터드를 조금 바르고 로메인, 비트잎, 토마토, 프레시모차렐라치즈를 얹어요.

11. 오이피클과 로스트치킨, 유기농케첩, 유기농마요네즈를 올리고 돌돌 말아요. 식품지나 유산지로 감싼 뒤 도시락에 담아요.

Tip

핫소스를 만들기 전에 아이가 먹을 로스트치킨랩에 활용할 수 있도록 소스를 약간 덜어내 놓았다가 케첩 대신 발라주면 더 맛있게 먹을 수 있어요. 치킨이 없다면 달걀프라이를 대신 넣고 만들어도 맛있어요. 핫샌드위치는 매콤한 할라페뇨피클을 잘게 썰어 넣고 만들면 깔끔한 매운맛이 입맛을 더욱 돋워준답니다.

> 가족 나들이 도시락 06

마늘삼겹살찜쌀밥+
새송이버섯주키니주먹밥 도시락

마늘삼겹살찜쌀밥+새송이버섯주키니주먹밥+깻잎쌈밥+미니오믈렛+사과드레싱샐러드

Ready 3인 가족 기준

🍀 **마늘삼겹살찜쌀밥**
밥 2공기(참기름·
검은깨 1/3T씩), 삼겹살 250g,
마늘 4~5알,
건로즈메리·소금 약간씩,
청고추·홍고추 1~2개씩,
시판 쌈무 5~6장,
쌈채소·무순·
견과된장 적당량(103쪽 참고)

🍀 **새송이버섯주키니주먹밥**
밥 1공기(검은깨·
참기름 약간씩),
새송이버섯 2개, 주키니 1개,
견과된장 적당량, 소금 약간

🍀 **깻잎쌈밥+미니오믈렛+
사과드레싱샐러드**
(자세한 레시피는 103, 195쪽
참고)

238

Recipe

🍀 마늘삼겹살찜쌈밥

1. 구이용 삼겹살에 편으로 썬 마늘과 소금, 건로즈메리를 조금 뿌려 김이 오른 찜솥에 얹어 10분 정도 쪄낸 뒤 먹기 좋은 크기로 썰어요.

2. 시판 쌈무는 물기를 꼭 짜낸 뒤 잘게 채 썰고 청고추·홍고추는 어슷 썰어 준비해요.

3. 밥에 참기름과 검은깨를 넣고 버무린 뒤 한입 크기의 주먹밥을 만들어요.

4. 작은 용기에 고추와 견과된장을 담고, 찬물에 씻은 쌈채소는 물기를 털어 도시락에 담고 나머지 주먹밥과 삼겹살찜 등 준비한 재료를 보기 좋게 담아요.

🍀 새송이버섯주키니주먹밥

5. 새송이버섯과 주키니는 필러를 이용해 얇고 길게 썰어요.

6. 올리브기름을 조금 두른 팬에 소금을 약간만 뿌려 구워요.

7. 밥에 검은깨와 참기름을 약간 넣고 섞은 뒤 한입 크기의 주먹밥을 만들어요.

8. 구운 주키니와 새송이버섯을 나란히 놓고 그 위에 주먹밥과 견과된장을 조금 얹어 돌돌 말아요. 주먹밥끼리 한데 모아 도시락에 보기 좋게 담아요.

Tip ××××××××××××××××××××
삼겹살을 찔 때 함께 넣은 마늘도 용기에 따로 담아 챙겨가요. 함께 쌈을 싸 먹으면 더욱 맛있어요.

시사모김밥+두부김밥 도시락

시사모김밥+두부김밥+게살샐러드유부초밥

Ready 3인 가족 기준

🍀 **시사모김밥**
밥 2.5공기, 김 3장, 깻잎 6장, 시판 쌈무 6장, 무순 15g, 다진 고추 1~2개 분량, 검은깨 1/3T, 소금·참기름 약간씩
시사모튀김 시사모 10마리, 녹말가루 1T
시사모튀김소스 유기농케첩 1/2T, 고추장 1/6T, 진간장 2/3T, 아가베시럽 1/2T, 유기농설탕 1/2T, 식초 1T, 맛술 1/3T, 다진 마늘 1/3T

🍀 **두부김밥**
밥 2/3공기(소금·참기름·검은깨 조금씩), 부침용 두부 30g, 오이 15g(소금 약간), 우엉조림 30g (우엉 25g, 진간장·아가베시럽 1/4T, 올리브기름 약간), 당근 15g (소금 약간), 김 1장

🍀 **게살샐러드유부초밥**
밥 1공기(식초 1T, 유기농설탕 1T, 소금 약간)
유부조림 냉동유부 10장, 조림장(단촛물 : 진간장 1T, 물 5T, 식초 2T, 유기농설탕 2T, 맛술 1/2T)
게살샐러드 게살 60g, 오이 30g(소금 약간), 유기농마요네즈 1.5T, 머스터드 약간
샌드위치 식빵 4쪽, 남은 게살샐러드

Recipe
시사모김밥

1. 시사모는 찬물에 씻은 뒤 물기를 빼 위생봉지에 녹말가루를 넣고 튀김옷을 입혀요.
2. 녹말가루를 입힌 시사모를 180도의 튀김기름에 넣어 튀겨요.
3. 분량의 소스 재료를 팬에 넣어 바글바글 끓이다 튀긴 시사모를 넣고 고루 버무려요.

4. 시판 쌈무는 물기를 꼭 짜낸 뒤 채 썰어 준비하고 무순은 뿌리 부분만 잘라내요.
5. 밥에 소금·참기름·검은깨를 섞고 부모용엔 고추를 다져 넣고 섞어요.
6. 김발에 김을 깔고, 깻잎→쌈무→무순→시사모 순으로 올려 단단하게 말아두었다가 먹기 좋게 썰어 도시락에 담아요.

게살샐러드유부초밥

게살샐러드&잼샌드위치

7. 냉동유부를 끓는 물에 살짝 데친 뒤 물기를 짜서 조림장 재료에 넣고 양념이 고루 밸 때까지 저어가며 조려요. 한김 식힌 뒤에 물기를 짜내요.
8. 오이는 씨가 있는 부분을 제외하고 돌려깎아 채 썬 뒤 소금을 약간 뿌려 10분 정도 재워두었다가 물기를 가볍게 짜내고 잘게 다져요.
9. 게살은 손으로 결대로 찢은 뒤 잘게 다져요. 다진 오이와 게살, 유기농마요네즈, 머스터드를 넣고 섞어요.

10. 뜨거운 밥에 단촛물 재료를 넣고 수분이 다 날아갈 때까지 뒤섞은 뒤 유부조림에 초밥을 눌러 담고 9의 게살샐러드를 얹어 초밥을 완성해요.
11. 유부초밥을 만들고 남은 게살샐러드를 식빵 한쪽에 올리고 나머지 식빵을 올린 뒤 접시를 올려 눌러놓아요.
12. 샌드위치의 가장자리를 잘라내고 4등분한 뒤 도시락에 담아요.

PART 8

엄마표 도시락의 완성
천연 음료

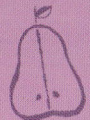

"기껏 정성스레 엄마표 도시락을 준비해놓고, 기껏 정성스레 아이 생일상,
파티 음식을 차려놓고 혹시 아이들에게 설탕덩어리인 시판 음료수를 들려주지는 않나요?
아이 몸에 더 좋은 재료로 만든 엄마표 음료까지 완벽하게 챙겨요."

천연음료 01

딸기바나나밀크 & 망고골드키위주스

Ready

● **딸기바나나밀크**
딸기 큰 것 4개, 바나나 1/3개,
우유 50mL, 아가베시럽 1/3T

● **망고골드키위주스**
냉동망고 35g, 골드키위 1개,
노란색 파프리카 25g, 물 2T,
아가베시럽 1/3T

망고골드키위주스

딸기바나나밀크

Recipe

● 딸기바나나밀크   ● 망고골드키위주스

1. 딸기는 흐르는 물에 살짝 흔들어 씻은 뒤 물기를 털어내고 꼭지를 떼어 대충 잘라요.

2. 미니믹서에 손질한 딸기와 바나나 그리고 나머지 재료를 모두 넣어 곱게 갈아요.

3. 골드키위는 껍질을 벗기고 가운데 심지와 씨 부분을 도려내요.

4. 노란색 파프리카는 씨를 잘라낸 뒤 껍질을 얇게 벗겨요.

5. 미니믹서에 냉동망고와 골드키위, 파프리카를 넣고 나머지 재료도 함께 넣어 곱게 갈아요.

Tip 망고의 달콤함 맛과 골드키위의 새콤달콤한 맛에 약간 새콤하면서도 달콤한 노란색 파프리카가 정말 잘 어울린답니다. 아이가 평소에 파프리카를 먹지 않으려 한다면 이렇게 활용해요. 야채가 다소 부족할 수 있는 소풍 도시락이나 아이 생일 상차림에 더 없이 좋은 음료가 될 거예요. 바나나는 미니바나나가 당도가 훨씬 높아요. 미니바나나로 만들 경우 아가베시럽은 넣지 않아도 돼요.

천연음료 02

방울토마토파프리카주스 &
사과키위스무디

사과키위스무디

방울토마토파프리카주스

Ready

● **방울토마토파프리카주스**
방울토마토 10개,
빨간색 파프리카 20g,
아가베시럽 1/2T, 물 3T,
레몬즙 1/2T

● **사과키위스무디**
사과 100g, 키위 1/2개, 물 3T,
아가베시럽 1/2T, 레몬즙 1/2T

Recipe

● 방울토마토파프리카주스

1 방울토마토 윗부분에 열십자 모양이 나도록 칼집을 넣어요.

2 끓는 물에 1의 토마토를 넣어 10초 정도 데쳐요.

3 데친 토마토는 차가운 물에 넣어 껍질을 벗겨요.

● 사과키위스무디

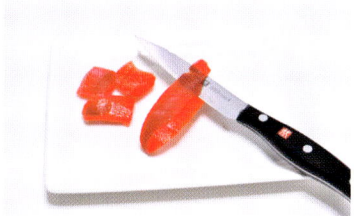

4 파프리카는 속씨를 없앤 뒤 껍질을 얇게 벗겨요.

5 믹서에 껍질 벗긴 방울토마토와 파프리카, 물, 아가베시럽, 레몬즙을 넣고 곱게 갈아요.

6 사과는 껍질을 벗겨 적당히 깍둑 썰어준비해요.

7 키위는 껍질을 벗기고 가운데 심지 부분과 씨 부분을 조금 잘라내요.

8 믹서에 손질한 사과와 키위를 넣고 레몬즙을 조금 짜 넣은 다음 물과 아가베시럽을 넣고 곱게 갈아요.

Tip ××
더 묽게 만들고 싶다면 물의 양을 2배로 하고 아가베시럽을 좀 더 넣어요. 키위의 씨는 믹서에 넣고 갈면 쓰고 텁텁한 맛을 내므로 전부는 아니더라도 어느 정도 잘라내고 가는 게 좋아요. 핸드블렌더를 이용하면 씨가 갈아지는 것을 조금 방지할 수 있어요.

천연음료 03 오미자화채&식혜

Ready

● 오미자화채
물 500mL, 건오미자 15g,
아가베시럽 2.5T, 배 적당량

● 식혜
물 500mL, 엿기름 2T,
유기농설탕 2.5T, 밥 1~2T,
소금 약간

오미자화채

식혜

Recipe

오미자화채

1. 물을 끓여 차갑게 식히거나 생수를 준비해 흐르는 물에 행군 오미자를 넣고 7~8시간 우려내요.

2. 맛과 색이 충분히 우러난 오미자는 걸러내요.

3. 오미자물에 유기농설탕이나 아가베 시럽을 넣어 적당히 단맛을 더해요.

4. 배를 작고 얇게 잘라 띄워요.

식혜

5. 체에 엿기름을 담아 생수에 담가두어 엿기름이 불면 손으로 주물러 엿물을 만들고 건더기는 걸러내요.

6. 엿기름을 걸러낸 엿물은 가만히 두었다 앙금이 가라앉으면 전기밥솥에 맑은 웃물만 받아내 고슬고슬 지은 밥을 넣어 섞어요.

7. 전기밥솥을 보온기능으로 두고 4~6시간 뒤 밥알이 둥둥 떠오르면 밥솥을 꺼내요.

8. 냄비로 옮겨 담은 뒤 유기농설탕을 적당량 넣고 팔팔 끓인 다음 식혀 냉장고에 넣어 보관해요.

Tip ××××××××××××××××××××
오미자는 땀이 많이 나는 여름에 아이들에게 마시게 하면 좋아요. 특히 밖에서 실컷 땀 흘리며 노는 아이들에게 챙겨주면 좋죠. 이런 전통 음료들을 아이들이 싫어할 것 같지만, 의외로 좋아하며 잘 마신답니다.

천연음료 04

단호박아몬드라테 &
연두부검은깨셰이크

Ready

◉ **단호박아몬드라테**
찐 단호박 65g, 우유 125mL,
아몬드파우더 1T,
아가베시럽 2/3T,
시나몬파우더 약간

◉ **연두부검은깨셰이크**
우유 150mL, 연두부 65g,
검은깨 2/3T, 아가베시럽 1T

Recipe

◉ 단호박아몬드라테

1 찐 단호박을 껍질을 벗겨 대충 잘라 믹서에 넣어요.

2 아몬드파우더도 함께 넣어요.

3 우유, 아가베시럽, 시나몬파우더를 넣고 곱게 갈아요.

◉ 연두부검은깨셰이크

4 연두부는 내열그릇에 담아 전자레인지에 1~2분 데워 비린내를 없애요.

5 검은깨는 깨갈이를 이용해 따로 으깨 준비해요.

6 믹서에 우유와 연두부, 아가베시럽을 넣고 곱게 갈아요.

7 갈아놓았던 검은깨를 넣고 잘 섞으면 돼요.

Tip ××××××××××××××××××××××××××××××××××××× ××××
단호박라테에 아몬드파우더를 넣어 만들면 훨씬 고소하고 깊은 맛이 나요. 고구마를 이용해서 고구마라테도 만들 수 있는데, 따뜻하게 먹어도 차게 먹어도 맛있답니다. 우유의 양은 아이 취향에 따라 가감해요. 연두부를 생으로 바로 넣어 만들면 비린맛이 나니 꼭 전자레인지에 넣어 데워 사용해요. 요즘엔 검은콩두부도 많이 나와 있는데 검은콩두부로 만들면 맛도 영양도 더 챙길 수 있어요.

리얼 오렌지주스 & 블루베리요거트셰이크

천연음료 05

Ready

- 리얼 오렌지주스
  오렌지 1~2개
- 블루베리요거트셰이크
  냉동블루베리 35g,
  플레인요구르트 125mL,
  아가베시럽 1/2T

블루베리요거트셰이크

리얼 오렌지주스

Recipe

● 리얼 오렌지주스

1 오렌지 양끝을 잘라내고 칼을 세워 껍질을 잘라요.

2 오렌지 알맹이 사이사이에 칼집을 넣어 오렌지 알맹이만 잘라요.

3 오렌지 알맹이를 믹서에 넣고 잘 갈아요.

● 블루베리요거트셰이크

4 모든 재료를 믹서에 넣고 갈아요.

오렌지주스에 노란색 파프리카를 조금 넣고 함께 갈아 만들어도 아이가 눈치 채지 못하고 잘 먹어요. 파프리카를 넣을 땐 단맛을 약간 추가해서 만들어요.

253

냉장고용 레시피

점선을 따라 잘라서 냉장고에 붙이고 보세요.

Ready

날치알김치김밥 기장밥 2/3공기, 김 1장, 날치알 2/3T, 다진 김치 2T(들기름 약간, 아가베시럽 1/3T), 다진 피망 1/2T, 소금 약간

오징어볼 오징어몸통 1/2마리, 양파 20g, 파 5g, 소금·참기름·맛술·후추·마늘 약간씩

튀김옷 쌀가루 1T, 달걀 1/2개, 생빵가루 5T+파슬리가루 1/3T

소스 재료 유기농마요네즈 1/2T, 머스터드·아가베시럽 1/3T, 다진 오이·다진 피클 각각 1/3T, 후추 약간

Recipe

날치알김치김밥

1. 김치는 양념을 모두 씻어내고 잘게 다져 들기름을 살짝 두른 팬에 넣어 볶고 아가베시럽을 넣어 단맛을 내요.
2. 1에 기름을 조금 더 두른 뒤 기장밥·날치알·다진 피망을 넣어 볶고 소금을 약간 뿌려 간을 해요.
3. 김발 위에 김의 거친 면이 위로 올라오도록 놓고 김치날치알볶음밥을 한 김 식혀 올린 뒤 편평하게 펴주고 돌돌 말아 먹기 좋은 크기로 썹니다.

오징어볼

4. 튀김옷과 소스 재료를 제외한 재료를 믹서에 모두 넣고 갈아요.
5. 오징어 반죽을 손으로 조금씩 떼어내 쌀가루를 입히고 달걀물을 입힌 다음 파슬리가루를 섞은 생빵가루를 입혀요.
6. 튀기기 전 모양을 동글동글하게 잡아줍니다.
7. 170~180도의 튀김기름에 넣어 노릇하게 튀겨내요.

날치알김치김밥 도시락
날치알김치김밥+오징어볼

야채미니김초밥 도시락
야채미니김초밥+야채팝콘치킨

Ready

야채미니김초밥 밥 2/3공기, 다진 브로콜리 2/3T, 다진 당근 2/3T, 다진 우엉 2/3T(조림 양념 : 진간장·아가베시럽 각각 1/4T), 밥양념(단촛물 : 식초 1/2T, 유기농설탕 1/2T, 소금 약간), 김 1장

야채팝콘치킨 닭가슴살 1/2쪽, 당근 10g, 양파 15g, 피망 5g, 생빵가루 1T, 유기농설탕·올리브기름 각각 1/4T, 파슬리가루·마늘·소금·후추 약간씩

Recipe

야채미니김초밥

1. 잘게 다진 당근을 기름을 살짝 두른 팬에 볶아요. 브로콜리는 소금물에 살짝 데친 뒤 잎 부분만 다져 준비해요.
2. 다진 우엉은 식초물에 잠깐 담가두었다가 물기를 빼서 기름 두른 팬에 약간 볶다가 진간장과 아가베시럽을 조금 넣고 조려요.
3. 단촛물 재료를 냄비에 넣고 유기농 설탕이 녹을 때까지 끓여 뜨거운 밥에 섞어 입바람을 불어가며 고루 섞어요.
4. 단촛물을 섞은 밥에 1과 2를 넣고 잘 섞어요.
5. 김의 거친 부분이 위로 오도록 김발에 놓고 4의 밥을 얇게 깔아 만 뒤 먹기 좋은 크기로 썰어 도시락에 담아요.

야채팝콘치킨

6. 블렌더에 닭가슴살을 넣고 거칠게 갈아요.
7. 6에 당근, 피망, 양파를 넣어 거칠게 갈고, 나머지 양념 재료를 넣고 잘 섞어 반죽을 만들어요.
8. 160도 정도의 튀김기름에 팝콘치킨 반죽을 숟가락으로 조금씩 떠 넣어 약간 노릇할 정도로만 튀깁니다.

연어양상추볶음밥 도시락
연어양상추볶음밥 + 순감자크로켓

Ready

연어양상추볶음밥 밥 2/3공기, 연어 30g(소금·후추 약간), 다진 양파 1.5T, 다진 파프리카 1T, 올리브기름 1/2T, 소금 약간, 장식용 김 약간

순감자크로켓 삶은 감자 50g, 무염버터 3g, 소금 약간

튀김옷 쌀가루 1/2T, 달걀 1/3개, 생빵가루 2T, 검은깨 1/3T

Recipe

연어양상추볶음밥

1. 연어는 소금과 후추를 약간 뿌려 뜨겁게 달군 팬에 기름을 살짝 두르고 구운 뒤 쭉쭉 찢어요.
2. 깨끗한 팬에 기름을 조금 두르고 다진 양파를 넣고 볶다가 밥을 넣어 볶아요.
3. 2에 구운 연어와 파프리카를 다져 넣고 살짝 볶아요.
4. 불을 끄고 양상추를 손으로 대충 찢어 넣고 소금을 약간 뿌린 뒤 서너번 뒤적여 섞어요.

순감자크로켓

5. 감자를 삶아 뜨거울 때 껍질을 벗겨내고 포크로 으깬 뒤 버터 약간과 소금을 넣고 섞어요.
6. 5의 감자를 2×1cm 정도 크기로 모양을 빚어요.
7. 쌀가루→달걀물 순으로 튀김옷을 입히고 생빵가루와 검은깨를 섞어 마저 튀김옷을 입혀요.
8. 150~160도의 튀김기름에 감자크로켓을 넣어 튀김옷이 노릇해질 정도만 튀겨내요.

오리훈제&단호박볶음밥 도시락
오리훈제&단호박볶음밥 + 호박고구마샐러드

Ready

오리훈제&단호박볶음밥 밥 2/3공기, 오리훈제 40g, 채 썬 단호박 15g, 다진 양파 15g, 부추 7g, 검은깨 1/4T, 올리브기름 1/2T, 소금·참기름 약간씩

호박고구마샐러드 호박고구마 삶은 것 50g, 피스타치오·건크렌베리 1/2T, 유기농 마요네즈 1/2T

Recipe

오리훈제&단호박볶음밥

1. 오리훈제는 채 썬 뒤 기름을 두르지 않은 팬에 넣고 구워내 키친타월에 올려두어요. 팬에 생긴 기름기는 닦아냅니다.
2. 팬에 올리브기름을 조금 두르고 채 썬 단호박과 다진 양파를 넣고 잘 볶아요.
3. 2에 밥을 넣고 볶아요.
4. 3에 미리 구워둔 오리훈제와 잘게 썬 부추, 검은깨를 넣어 살짝 볶고 소금과 참기름을 넣어 한두 번 뒤적인 뒤 마무리해요.

호박고구마샐러드

5. 삶은 호박고구마를 포크로 대강 으깨요. 으깬 고구마에 나머지 재료를 모두 넣어 섞어요.
6. 유산지컵에 고구마샐러드를 따로 담아 도시락에 넣고 한 김 식힌 볶음밥을 담아줍니다.

Ready

데리야끼소스주먹밥구이 밥 2/3공기 (밥양념 : 소금 약간)
데리야끼소스 진간장 1/3T, 유기농설탕 1/3T, 생강즙 약간, 요리술 1/4T
닭고기견과완자 닭가슴살 1/2쪽, 두부 25g, 생빵가루 1/2T, 견과류(아몬드, 캐슈넛, 피스타치오 등) 1T, 유기농설탕 1/4T, 진간장 1/3T, 생강즙 약간, 쌀가루 1T, 달걀 1/2개
양상추두부구이샐러드 양상추 반 줌, 두부 40g
소스 진간장 1/2T, 식초 1/2T, 아가베시럽 1/3T, 통깨 1/3T, 올리브기름 1/2T

데리야끼소스주먹밥구이 도시락
데리야끼소스주먹밥구이 + 닭고기견과완자 + 양상추두부구이샐러드

Recipe

데리야끼소스주먹밥구이
1. 밥에 소금을 약간만 뿌려 고루 섞은 뒤 손에 조금씩 덜어 동글납작하게 만들어요.
2. 분량의 데리야끼소스를 모두 섞어 소스를 만들어요.
3. 팬에 기름을 조금 두르고 주먹밥을 올려 뒤집어가며 굽다가 약간 노릇해지면 데리야끼소스를 조금씩 발라가며 너무 딱딱하지 않게 구워요.

닭고기견과완자
4. 견과류 여러 가지를 조금씩 섞어 칼로 대강 다지거나 지퍼백에 넣어 밀대로 밀어 부숴요.
5. 닭가슴살은 찬물에 깨끗하게 씻은 뒤 물기를 닦아내고, 곱게 다져 쌀가루와 달걀을 제외한 나머지 재료를 한데 넣고 다져놓은 견과류도 함께 넣어 치대요.
6. 5를 동글납작하게 완자를 빚어 쌀가루를 고루 묻힌 뒤 달걀물에 적셔요.
7. 팬에 기름을 조금씩 두르고 완자를 올려 앞뒤로 약간 노릇하게 구워요.

미니스테이크주먹밥꼬치 도시락
미니스테이크주먹밥꼬치 + 그린빈&브로콜리 + 토마토마리네이드

Ready

미니스테이크주먹밥꼬치 소고기 안심 50g(밑간 : 소금·후추 약간씩), 기장밥 2/3공기(양념 : 소금·참기름 약간씩)
스테이크소스 우스터소스 1/2T, 유기농 케첩 1/2T, 아가베시럽 1/2T, 무염버터 1/3T, 후추 약간
그린빈&브로콜리 그린빈 2개, 브로콜리 25g, 올리브기름 1/3T, 소금·후추 약간씩
토마토마리네이드 방울토마토 작은 것 10개, 노란색 파프리카 다진 것 1/2T, 레몬즙 1T, 아가베시럽 1T, 올리브기름 2/3T, 바질가루·소금 약간씩

Recipe

미니스테이크주먹밥꼬치
1. 소고기는 구이용 안심으로 준비해 소금과 후추를 약간만 뿌려 뜨거운 팬에 재빨리 구워요.
2. 구운 소고기는 아이가 한입에 먹기 부담 없는 크기로 잘라 준비해요.
3. 밥에 소금과 참기름을 약간 넣고 조물조물해서 주먹밥을 작게 만들어요.
4. 팬에 분량의 소스 재료를 모두 섞어 스테이크소스를 만들어요.
5. 작은 꼬치에 스테이크와 주먹밥을 순서대로 조금씩 꽂고 스테이크에 4의 스테이크소스를 약간씩 발라요.

그린빈&브로콜리
6. 그린빈과 브로콜리는 소금물에 살짝 데친 뒤 찬물에 바로 담가 식혀요.
7. 6을 물에서 꺼내 물기를 털어내고 올리브기름·소금·후추로 양념해 버무려요.

게살롤샌드위치 도시락
게살롤샌드위치+알감자구이

Ready

게살롤샌드위치 식빵 2개, 오이 15g(절임 재료 : 식초 1/3T, 유기농설탕 1/3T, 소금 약간), 게살 15g, 슬라이스치즈 1장, 크림치즈 1/2T, 다진 브로콜리 1/3T, 머스터드소스 1/3T, 로메인상추 3~4장

알감자구이 조림용 알감자 5개(삶을 물 : 물 500mL, 유기농설탕 1T, 소금 1/3T), 올리브기름 1/3T, 파슬리가루 약간

Recipe

게살롤샌드위치

1 오이는 돌려 깎아 채 썬 뒤 분량의 절임 재료에 넣고 버무려요. 슬라이스 치즈는 반으로 자르고, 게살은 결대로 찢어 준비해요.
2 크림치즈에 다진 브로콜리를 넣고 섞어 스프레드를 만들어요.
3 식빵은 가장자리를 모두 잘라 깔끔하게 정리해서 밀대로 밀어 펴주세요.
4 밀대로 얇게 민 식빵에 스프레드를 발라요.
5 4 위에 로메인상추→치즈→머스터드소스→게살 순으로 올려요.
6 손으로 돌돌 만 뒤 종이포일이나 식품지로 감싸 말아 도시락에 담아요.

두부소보로사과샌드위치 도시락
두부소보로사과샌드위치+단호박치즈볼

Ready

두부소보로사과샌드위치 버터롤 2개, 사과 40g, 로메인 3~4장, 머스터드소스 1/2T
두부소보로 부침용두부 50g, 다진 애호박·다진 당근·다진 양파 각각 1T, 검은깨 1/4T, 다진 마늘 약간, 진간장 1/3T, 유기농케첩 1/3T, 아가베시럽 1/4T, 참기름 약간
단호박치즈볼 찐 단호박 100g, 슬라이스치즈 1/2장
튀김옷 쌀가루·달걀물·생빵가루+파슬리가루 적당량

Recipe

두부소보로사과샌드위치

1 두부는 부침용으로 준비해 손으로 주물러 으깨고 양파·당근·애호박은 잘게 다져 준비해요.
2 팬에 기름을 두르고 다진 야채와 마늘을 넣고 볶다가 으깬 두부를 넣고 볶아요.
3 두부의 수분기가 적당히 날아가면 진간장·유기농케첩·아가베시럽·참기름을 넣어 볶고 마지막에 검은깨를 뿌려 완성해요. 완성된 두부소보로는 넓은 접시에 펼쳐 한 김 식혀요.
4 로메인은 찬물에 씻어 물기를 없애고 사과는 모양을 살려 얇게 잘라요.
5 빵을 반으로 잘라 사이에 로메인을 끼우고 머스터드소스를 약간 발라요.
6 사과와 두부소보로를 채워 넣어 샌드위치를 완성해요.

Ready

미니와플라이스 밥 1/2공기, 칵테일새우 10g, 노란색·빨간색 파프리카 각각 5g, 애호박 5g, 검은깨 1/3T, 달걀 1/2개, 파마산치즈 1/2T, 생빵가루 1/2T, 소금 약간
소스 메이플시럽 1T, 간장 1/2T, 물 1T
훈제오리샐러드 훈제오리 25g, 야채류 15g, 옥수수(캔) 1T, 양파·양배추 각각 5g
머스터드소스 머스터드 1/3T, 유기농마요네즈 1T, 아가베시럽 2/3T, 후추 약간

Recipe

미니와플라이스
1 칵테일새우는 끓는 물에 데쳐 잘게 다지고 나머지 야채들도 잘게 다져요.
2 팬에 기름을 조금 두르고 야채들을 넣어 볶아요.
3 밥에 2의 재료와 검은깨를 넣어 섞은 뒤 달걀·파마산치즈·생빵가루를 넣어 버무려요.
4 와플팬에 기름칠을 한 뒤 뜨겁게 달궈 2의 밥반죽을 2/3순가락씩 떠 넣어 노릇하게 구워요.
5 팬에 분량의 소스 재료를 넣고 끈기가 약간 생길 때까지 바글바글 끓인 뒤 식혀 소스통에 담아요.

미니와플라이스 도시락
미니와플라이스+훈제오리샐러드

시금치미니프리타타 도시락
시금치미니프리타타+레몬드레싱통밀파스타샐러드

Ready

시금치미니프리타타 달걀 1개, 우유 3T, 시금치(포항초나 섬초) 10g, 다진 양파 5g, 유기농설탕 1/2T, 모차렐라치즈 1T, 소금 약간
기타 재료 버터 적당량
레몬드레싱통밀파스타샐러드 통밀푸실리 35g(물 1L, 소금 2/3T), 방울토마토 4~5개, 데친 브로콜리 10g
드레싱 레몬즙 1.5T, 유기농설탕 2/5T, 올리브기름 2/3T, 소금·파슬리가루 약간씩

Recipe

시금치미니프리타타
1 달걀에 우유와 유기농설탕, 소금을 넣어 부드럽게 풀어요.
2 다진 양파와 시금치를 잘게 다져 기름 두른 팬에 넣어 숨이 죽을 정도로만 볶아요.
3 1의 달걀물에 2를 넣어 섞어요.
4 작은 머핀 팬에 녹인 버터를 조금씩 둘러 바르고 3을 조금씩 부어 150도로 예열한 오븐에 넣어 15분 정도 익혀요.
5 프리타타가 거의 익으면 중간에 모차렐라치즈를 조금씩 얹어서 마저 익혀요.

딸기바나나밀크&망고골드키위주스

Ready

딸기바나나밀크 딸기 큰 것 4개, 바나나 1/3개, 우유 50mL, 아가베시럽 1/3T
망고골드키위주스 냉동망고 35g, 골드키위 1개, 노란색 파프리카 25g, 물 2T, 아가베시럽 1/3T

Recipe

딸기바나나밀크
1 딸기는 흐르는 물에 살짝 흔들어 씻은 뒤 물기를 털어내고 꼭지를 떼어 대충 잘라요.
2 미니믹서에 손질한 딸기와 바나나 그리고 나머지 재료를 모두 넣어 곱게 갈아요.

망고골드키위주스
3 골드키위는 껍질을 벗기고 가운데 심지와 씨 부분을 도려내요.
4 노란색 파프리카는 씨를 잘라낸 뒤 껍질을 얇게 벗겨요.
5 미니믹서에 냉동망고와 골드키위, 파프리카를 넣고 나머지 재료도 함께 넣어 곱게 갈아요.

단호박아몬드라테&연두부검은깨셰이크

Ready

단호박아몬드라테 찐 단호박 65g, 우유 125mL, 아몬드파우더 1T, 아가베시럽 2/3T, 시나몬파우더 약간
연두부검은깨셰이크 우유 150mL, 연두부 65g, 검은깨 2/3T, 아가베시럽 1T

Recipe

단호박아몬드라테
1 찐 단호박을 껍질을 벗겨 대충 잘라 믹서에 넣어요.
2 아몬드파우더도 함께 넣어요.
3 우유, 아가베시럽, 시나몬파우더를 넣고 곱게 갈아요.

연두부검은깨셰이크
4 연두부는 내열그릇에 담아 전자레인지에 1~2분 데워 비린내를 없애요.
5 검은깨는 깨갈이를 이용해 따로 으깨 준비해요.
6 믹서에 우유와 연두부, 아가베시럽을 넣고 곱게 갈아요.
7 갈아놓았던 검은깨를 넣고 잘 섞으면 돼요.